Eckart Müller-Timmermann

Ausgebrannt – Wege aus der Burnout-Krise

HERDER spektrum

Band 5539

Das Buch

Was tun, wenn man sich erschöpft, ausgelaugt und ausgebrannt fühlt, der Alltag schwer fällt und einfach keine neuen Gedanken und Initiativen kommen? Viele Menschen haben diese Burnout-Erfahrung. Eigentlich machen sie ja ihren Beruf gerne und sind kreativ. Doch dann schleicht sich dieses lähmende Gefühl ein. Eckhart Müller-Timmermann erklärt, was die ersten Anzeichen von Burnout sind und wie man gegensteuern kann, bevor es zu einer echten Krise kommt. Er zeigt, wie schon kleine Schritte den Alltag so verändern, dass er wieder Vergnügen bereitet. Und das hat man meistens selbst in der Hand. Psychologische und praktische Hinweise helfen dabei. Muss man wirklich alles selber tun? Welche Ziele sind wichtig? Welches Maß an freier Zeit braucht man? Wie ist dies zu sichern? Wo liegen verborgene Stressfaktoren und wie sind sie zu ändern? Wie kann man Missverständnisse reduzieren und sich weniger ärgern? Eckhart Müller-Timmermann arbeitet seit langer Zeit praktisch mit Burnout-Betroffenen aus unterschiedlichen Berufen. Er zeigt an sorgfältig ausgewählten Beispielen, wo jeder selbst ansetzen kann, um sich vor dem Burnout zu schützen. Es stehen viele Möglichkeiten offen, um aus solch lähmender Situation herauszukommen – damit Kreativität und Phantasie wieder Luft haben und der Beruf wieder Freude macht.

Der Autor

Eckhart Müller-Timmermann, geb. 1950, Diplom-Psychologe, arbeitet als Dozent, Organisationsberater und Coach am außeruniversitären Institut für angewandte Psychologie und Pädagogik in Kiel. Die berufliche Tätigkeit bedeutet für ihn Anregung und Herausforderung. In seinem Tätigkeitsschwerpunkt „Arbeit und Gesundheit" leitet er Seminare zu Burnout-Prophylaxe, Stressreduzierung, Zeitmanagement und Selbstorganisation. Von Firmen, Behörden, Kliniken, Schulen und anderen Organisationen und Einrichtungen wird er für Führungskräftetrainings, Teamentwicklung, Supervision und Coaching angefragt.

Eckhart Müller-Timmermann

Ausgebrannt – Wege aus der Burnout-Krise

HERDER

FREIBURG · BASEL · WIEN

Gedruckt auf umweltfreundlichem,
chlorfrei gebleichtem Papier.

Originalausgabe

2. Auflage der 11. vollständig neu bearbeiteten Ausgabe

www.herder.de
Satz: Dtp-Satzservice Peter Huber, Freiburg
Herstellung: fgb · freiburger graphische betriebe 2006
www.fgb.de
Umschlaggestaltung und Konzeption:
R·M·E München / Roland Eschlbeck, Liana Tuchel
Umschlagmotiv: © Corbis
ISBN-13: 978-3-451-05539-3
ISBN-10: 3-451-05539-2

Inhalt

Vorwort zur 10. Auflage

Als ich dieses Buch Anfang der Neunziger plante, war der „Markt" mit Burnout-Literatur bereits reichlich gesättigt. Die Ermutigungen meiner Lektorin, dieses Projekt dennoch umzusetzen, haben sich im Nachherein als eine kluge Prognose erwiesen. Viele Jahre rangiert dieser Leitfaden unter den meistverkauften Titeln zur Problematik des Ausbrennens. Zahllose dankbare Rückmeldungen aus dem deutschsprachigen Raum haben bestätigt, dass wohl eine sinnvolle und bekömmliche Verbindung von Theorie, praktischen Tipps und eingänglicher Darstellung gelungen ist. Ich war immer wieder erstaunt, welche klaren Kurskorrekturen und sogar dramatischen Richtungswechsel im (Berufs-)Leben Menschen nach der Lektüre vorgenommen hatten.

Nun liegt eine grundlegende Aktualisierung dieses Buches vor. Die Fülle neuer Erkenntnisse über Burnout und die gewachsenen Beratungs- und Seminarerfahrungen des Autors waren Anlass für die „Renovierung". Der Basistenor eines persönlichen Ratgebers für ein konstruktives Selbstmanagement bleibt erhalten, neue Fakten ergänzen das Gesamtbild.

Ich möchte in erster Linie denjenigen zur Seite stehen, denen ihr Beruf und die damit verbundene interessante Aufgabe am Herzen liegt und die nur nicht so weitermachen wollen oder können wie bisher. Sie werden erfahren, dass sie beileibe nicht allein sind. Auch diejenigen, die sich bei Ausstiegsphantasien erwischen, weil ihnen vermeintlich kein anderer Weg zur Verfügung steht, finden hier einen hoffentlich aufbauenden und anregenden Leitfaden. Ich möchte Menschen ansprechen, die ein reiches Privatleben mit einer erfüllenden beruflichen Aufgabe verbinden wollen. Ich möchte den Ahnenden Beistand leisten, die bereits von dem Gefühl durchdrungen sind, eine einschneidende Veränderung, passend zu ihrer Persönlichkeitsentwicklung, stehe auf der Tagesordnung, deren Mutpegel aber noch nicht hoch genug ist, dieses Thema vorbehaltlos und offen aus der Angstkiste hervorzuholen, anzufassen und zu prüfen.

Dieses Buch beschäftigt sich vorwiegend mit den Bedingungen, die in der Persönlichkeit des Betroffenen selbst liegen. Der vom Ausbrennen bedrohte Leser wird neben den Symptomen des Burnout in erster Linie sich selbst kennen lernen. Er wird mit den eigenen riskanten Lebensgrundsätzen, Glaubenssystemen und Verhaltensweisen konfrontiert. Das bedeutet nicht, diejenigen Betriebe und Behörden freizusprechen, die lausige Arbeitsbedingungen zur Verfügung stellen; ebenso wenig, dem Einzelnen die „Schuld" in die Schuhe zu schieben. Der gewählte Leitgedanke fußt auf der tiefen Überzeugung, dass man den Hebel der Veränderung am wirksamsten – wenn auch nicht gerade am leichtesten – bei sich selbst ansetzen kann und dass dafür eine hohe Selbstverantwortung vonnöten ist. Ob mit den dadurch freiwerdenden Energien später auch institutionelle Wandlungsprozesse angestoßen werden können, mag der Initiativkraft des Lesers überlassen bleiben.

Burnout-Merkmale kennen lernen

1. Einführung in das Thema, Beispiele und Selbstprüfung

„Ich fühle mich so richtig ausgebrannt", „Irgendwie macht mir meine Arbeit keine rechte Freude mehr", „Meine Klienten werden immer fordernder", „Seit einiger Zeit bin ich ziemlich unter Druck", „Nach der Arbeit falle ich vor Müdigkeit gleich ins Bett", „Meine Kollegen nerven nur noch", „Eigentlich ist alles, was ich mache, sinnlos", „Der Job schlägt mir auf den Magen", „Wenn ich die Schwelle unseres Büros überschreite, bekomme ich Kopfschmerzen", „Im Bett grübele ich über meine Arbeitsbelastung nach und finde kaum noch Schlaf", „Ich kann fast nichts mehr bewegen" – die Liste von Äußerungen dieser Art ließe sich beliebig fortsetzen.

Haben Sie bei dem einen oder anderen Satz ein Gefühl des Wiedererkennens erlebt? Wenn ja, dann *könnte* das ein Hinweis darauf sein, dass Sie wie viele andere Menschen in einer Burnout-Krise stecken.

Möglicherweise haben Sie Ihre Berufs- oder Familienmanagement-Tätigkeit mit großem Enthusiasmus begonnen und erleben gegenwärtig persönliche oder institutionelle Grenzen, erste Enttäuschungen und ein Verflachen Ihrer Energiekurve. Oder Sie fühlen sich zunehmend gereizt und leiden unter vermehrten Krankheitsanfälligkeiten sowie anhaltenden körperlichen Beschwerden.

Auszubrennen bedeutet für die Betroffenen eine Erfahrung, die am Lebensnerv und am Selbstwertgefühl nagt. Sie bemerken bei sich selbst eine Vielfalt von typischen bedrückenden Symptomen, negativen Gefühlen und körperlichen Beschwerden. Doch auch Freunde und Kollegen registrieren bei ihnen neue und auffällige Verhaltensweisen. Die Kontakte zu anderen Menschen sind nicht selten massiv behindert. Ausbrennen geschieht schleichend – ein solcher Prozess kann sich über Monate, Jahre und sogar Jahrzehnte erstrecken. Regelmäßig erleben diese Menschen einen Verlauf durch bestimmte Stadien, welche von verschiedenen burnoutgefährdeten Personen immer wieder in ähnlicher Form und Abfolge geschildert werden. Obwohl dieses Geschehen für Außenstehende recht universell anmutet, erlebt der Betroffene sein Ausbrennen immer ganz persönlich und einzigartig. So auch zum Beispiel die

Krankenschwester Helga

Schon als Kind wollte sie gern diesen Beruf ergreifen. Sie fühlte sich fast wie berufen, Menschen in schwierigen Lebenssituationen zu helfen. Voller Enthusiasmus absolvierte sie ihre Ausbildung und setzte sich engagiert für mehr Menschlichkeit im Krankenhaus ein. „Ich wollte alles besser machen und mich durch die routinierte Kühle der Examinierten nicht von meinen Zielen abbringen lassen." Nach dem Examen hoffte sie, ihren glühenden Idealismus in die Pflege Schwerstkranker einbringen zu können, sie wollte sich ganz für diejenigen einsetzen, die die Zuwendung ihrer Meinung nach am dringendsten benötigten. Ihr damaliger Freund akzeptierte Helgas völliges Aufgehen im Beruf anfangs; war er doch selbst durch den Aufbau eines kleinen Geschäfts stark beansprucht. So lebten sie eher neben einander her als miteinander. Helga nahm immer mehr Anteil am Schicksal ihrer Patienten und benötigte all ihre Energie für deren Pflege, für das Verdrängen der seelischen Belastungen und für die Strapazen des Schichtdienstes.

Während ihr Freund Olaf bald die ersten Erfolge durch Aufträge und positive Rückmeldungen verbuchen konnte sowie durch geschicktes Delegieren an erste Angestellte sich Ruhepausen gönnte, quälte Helga sich zunehmend mit dem Erleben vom unabwendbaren Leid und Tod. Mürrische („undankbare") Patienten strapazierten ihr Nervenkostüm, und Kritik von oben über die vermeintliche Vernachlässigung der notwendigen Dokumentationsarbeiten rieb sie mehr und mehr auf. Unausweichlich drängten sich Fragen auf: „Bin ich für diesen Beruf geeignet? Warum stecke ich die Belastungen nicht so gut weg wie die anderen? Waren meine Vorstellungen zu verklärt?" Es begann eine Flucht in die Routine; ihre Zweifel versuchte sie zu verdrängen, scheinbare innere Ruhe und einige Stunden Schlaf vermochte sie medikamentös zu erzwingen. Helga schildert, dass sie sich damals selbst immer weniger leiden mochte, ihre eigenen zynischen Bemerkungen hasste und sich von Schuldgefühlen verfolgt empfand. Obwohl ihr Körper deutliche Warnsignale in Form von Seh- und Kreislaufstörungen sowie vermehrter Grippeanfälligkeit aussandte, versuchte sie, die Erschöpfungsanzeichen zu ignorieren und sogar noch zusätzliche Energiereserven zu mobilisieren. Die Krise verschärfte sich weiterhin dadurch, dass Olaf größere Ansprüche an Helga als Partnerin und Frau des Geschäftsinhabers anmeldete. Da eine solche Energierücknahme vom eigenen beruflichen Engagement von Helga als Niederlage empfunden worden wäre, kam es zur Trennung. Als besonders schlimm empfand Helga in dieser Zeit die Tatsache, dass „man" im Kollegenkreis nicht über Belastungen, Schwächen und Grenzen redete, sondern Fassaden aufbaute und ihr das Gefühl vermittelte, nur sie selbst sei so schwächlich und anfällig und sie müsse sich nur mehr zusammenreißen.

Helga hatte Glück. Sie erhielt die Gelegenheit, an einer Supervisionsgruppe teilzunehmen. Hierbei handelt es sich um eine Gruppe von Menschen in ähnlicher beruflicher Situation, die in entspannter Atmosphäre unter fachlicher Anleitung ihre Sorgen und Nöte am Arbeitsplatz offen besprechen, aber auch die aufgestauten Aggressionen oder Tränen befreien können. Für Helga bedeuteten die Gespräche eine große Entlastung. Zum ersten Mal seit langer Zeit hatte sie wieder das Gefühl, normal und nicht unzulänglich zu sein. Die

Gruppe half Helga, Sinn und Stellenwert ihrer beruflichen Tätigkeit neu zu bewerten. Als Konsequenz gönnte sie sich einen längeren, erholsamen Urlaub mit einer guten Freundin und ließ sich danach auf eine andere Station versetzen. So vermochte sie den Prozess des Ausbrennens zu stoppen und mit der freigewordenen Energie den beruflichen und privaten Alltag zu ihrer Zufriedenheit neu zu gestalten.

Lehrer Klaus

Klaus ist ein gutes Beispiel dafür, wie eng Persönlichkeitsmerkmale, kritische Lebenssituationen und Bedingungen am Arbeitsplatz miteinander verwoben sein können. Der jetzige Oberstudienrat begann seine Tätigkeit an einem norddeutschen Gymnasium „geradezu euphorisch". Heute erscheint es ihm kaum erklärlich, wie oft er sich in den ersten Jahren auch nachmittags im Schulgebäude aufgehalten und sich zusätzlich zum Unterricht freiwillig und unbezahlt mit seinen Schülern beschäftigt hat. Klaus versuchte zum Beispiel, Schülern, deren Eltern sich getrennt hatten, hilfreich zur Seite zu stehen, persönliche Krisen abzufedern und überhaupt ein ganzheitliches, auch sozialpädagogisches Verständnis seiner Arbeit zu verwirklichen. „Ich war sechs Jahre lang voller Begeisterung und Power Lehrer und konnte mir nichts Besseres vorstellen", so sein Resümee.

Die Stagnation begann durch ein Geflecht von persönlichen Krisen und Arbeitsplatzverschlechterungen. Obwohl Klaus an seiner Schule glücklich und zufrieden war, reichte er ein Versetzungsgesuch ein, um in der Nähe seiner Lebenspartnerin wohnen zu können. Als dem nach mehreren Jahren stattgegeben wurde, hatte seine Frau sich bereits kurz vorher von ihm getrennt. Dennoch stürzte er sich mit seinem ganzen Elan in die neuen Anforderungen und bewirkte dadurch einen erfolgreichen Start. Er lernte eine neue Partnerin kennen und war beliebt bei den Schülern. Doch bald spürte er einen veränderten Wind. Eine unsolidarische und schwache Schulleitung, ein untereinander zerstrittenes Kollegium sowie eine extrem aufsässige Klasse, die er als Klassenlehrer übernehmen musste, machten seine Zeit im Schulgebäude zur Tortur. Eine starke Fraktion bereits ausgebrannter Studienräte ließ ihn ständig mit zynischer Geringschätzung spüren, dass sich das ganze Engagement doch nicht lohne. Schließlich erlebte Klaus sich selbst als Versager, weil er sich das erste Mal einer Herausforderung durch diese schwierige Klasse nicht gewachsen fühlte.

Ohne zu diesem Zeitpunkt schon einen Zusammenhang zu der eigenen psychischen Verfassung oder der miserablen Arbeitssituation herzustellen, bemerkt Klaus nun eine für ihn unverständliche Einbuße seiner Gesundheit. Völlig unvermittelt ereilen ihn Schwindelanfälle und Gleichgewichtsstörungen. Er gerät in Panik. Sein Gefühl, in einer Sackgasse zu stecken, bahnt sich in einem Wutanfall vor der Klasse einen Weg. Er schildert, dass „es ihn regelrecht angekotzt hat, immer wieder in diese Schule zu fahren". Der Magen reagiert mit Übelkeit, vereiterte Nebenhöhlen und grippale Infekte werfen ihn aus der Bahn und seine Fehlzeiten erhöhen sich dramatisch. Zum ersten Mal prüft Klaus ernsthaft den Gedanken an eine Frühpensionierung.

Die Tage sind kaum noch zu ertragen. Nachdem er sich durch den Vormittag gequält hat, schläft er zu Hause erschöpft ein. Den Spätnachmittag und den frühen Abend sowie die notwendigen schulischen Vorbereitungen übersteht er zerschlagen und grübelnd nur noch mit Alkohol, der ihm auch hilft, sich in den unruhigen Schlaf zu retten.

Als die Situationen sich durch Atemnot, Herzbeschwerden und Schmerzen zuspitzt und Tage völliger Bewegungsunfähigkeit durch Muskelkrämpfe ihn absolut aus der Spur werfen, vereinbart sein Arzt mit ihm die ersten konkreten Bewältigungsversuche. Psychosomatik oder Burnout sind noch kein Thema; Ursachen werden im Klima und in der mangelhaften sportlichen Betätigung gesucht. Und tatsächlich stellt sich nach einer mehrwöchigen Sportkur eine deutliche Verbesserung des Allgemeinzustandes ein. Lust und Kraft für den Unterricht kehren vorübergehend zurück; die problematische Klasse übernimmt ein Kollege, und die neue Partnerschaft wird erstmals lustvoll erlebt.

Nur wenige Monate später allerdings nimmt das Schicksal erneut seinen Lauf. Nach Hauskauf und Stabilisierung der Beziehung wird Klaus erneut an einen entlegenen Ort versetzt. Obwohl diese Verfügung nach einigen Wochen rückgängig gemacht wird, beginnen neben einigen vertrauten Symptomen nun erhebliche Kopfschmerzen. Nachdem verschiedene Ärzte keinerlei organische Befunde zutage fördern konnten, erkennt ein aufgeschlossener Neurologe im intensiven Gespräch mit seinem Patienten nun endlich die Wahrheit der gesamten Krankheitsgeschichte und fügt sie passgenau in die gegenwärtige Lebenssituation ein. Er schlägt eine Kur in einer psychosomatischen Fachklinik vor. Trotz erheblicher eigener Skepsis ergreift Klaus „diesen letzten Strohhalm".

Heute hat er die Krise wirklich bewältigt. Er kann den Tag wieder aktiv genießen; Partnerschaft, Freunde und das eigene Haus haben einen wichtigen Platz neben der Schule erobert; das flammende Engagement hat einer realistischen Arbeitseinteilung Platz gemacht. Vorstellbar für ihn sind auch berufliche Alternativen zum jetzigen Job. Klaus hat sich von überhöhten Leistungsidealen verabschiedet. Der ständige Druck, perfekt sein zu müssen, ist einer gelasseneren Einstellung gewichen. Dies wirkt sich zudem positiv auf einen effektiveren Arbeitsstil aus, sodass mehr Raum für das Privatleben bleibt.

Steuerberater Georg

Georg war nach seinem Ausbildungsabschluss in einer großen Sozietät von hochfliegenden Plänen erfüllt. Die Materie seines Berufes faszinierte ihn, durch die sich permanent wandelnde Gesetzeslage fühlte er sich herausgefordert, der Umgang mit Menschen bereitete ihm Freude und knifflige Fragen spornten ihn zu langen Arbeitsabenden an. Durch die frische Selbständigkeit wähnte er sich am Beginn einer großartigen Karriere. Und tatsächlich fiel er anfangs förmlich die Leiter hinauf. Seine Mandanten lobten sein Fachwissen und Engagement, sie schätzten seine Art, humorvoll und zielsicher knifflige Sachverhalte auf den Punkt zu bringen. „Ich fühlte mich wie auf einer Woge getragen, irgendwie ging alles von selbst", so erinnert Georg sich heute.

Nach nur wenigen Jahren hatte er es zu ansehnlichem Einkommen gebracht. Er lernte eine attraktive Buchhalterin kennen, heiratete bald und erwarb ein Haus am Stadtrand. Seine Frau gab ihren Beruf auf und assistierte ihrem Mann bei dessen Büroarbeiten. Äußerlich stimmte eigentlich alles – wenn da nicht Georgs Eigenart gewesen wäre, seine gesamte Energie zunehmend lustvoll in die Perfektionierung seiner beruflichen Tätigkeit fließen zu lassen. Die Urlaubswünsche seiner Frau wurden vertagt, Besuch bei Freunden ließ er ziemlich unwillig über sich ergehen und dem Tennisclub hielt er nur aus Opportunitätsgründen die Treue. „Aus geschäftlichen Gründen", wie er seine Frau tröstete, blieb Georg immer häufiger auch abends fort. „Ich hatte einfach Angst, der ganze Traum könne wie eine Seifenblase zerplatzen. Ich konnte mich nicht ausruhen. Ich fürchtete, den Anschluss zu verpassen, Mandanten zu verlieren oder sonst wie Pech zu haben. Auf der anderen Seite peinigten mich die Schuldgefühle gegenüber meiner Frau."

Georg fühlte sich wie ein Gefangener seiner selbst. Und dann erfüllte sich sein Angsttraum auf unerwartete Weise – seine Frau zog aus dem gemeinsamen Haus aus. Für ihn brach eine Welt zusammen. Er konnte die Ungerechtigkeit des Schicksals nicht verstehen. Doch Georg beschloss, seine Krise zu meistern. Sein erlesenes Weinsortiment half ihm durch den Tag, und regelmäßiger Schlafmittelgebrauch verschaffte ihm anfangs die nötige Nachtruhe. Vor allem aber half – viel Arbeit.

Mehr und mehr verwandelte sich seine anfängliche Freude an Gesprächen mit Kollegen und Mandanten in regelrechten Menschenhass. Er merkte zwar noch selbst, wie er sich in Überheblichkeit, Misslaunigkeit und Bissigkeit flüchtete, konnte aber nicht mehr gegensteuern. Seine wachsenden Kreislaufprobleme ignorierte er konsequent; irgendwie, so hoffte er, würde er schon wieder auf die Beine kommen.

Doch das Gegenteil trat ein. Georgs fast übermenschliche Anstrengungen, sich bis in die Nähe des körperlichen Zusammenbruchs aufzureiben und zu ackern, konnten die Auswirkungen seines Misstrauens und seiner alkoholbedingten Ausfälle nicht ausgleichen. Gewachsene berufliche Verbindungen zerbrachen, seine Kundschaft dünnte aus, und seinen akquisitorischen Bemühungen blieben nur mäßige Erfolge beschieden. Er brach schließlich völlig erschöpft zusammen und musste mit ernsthaften Befunden in eine Klinik eingeliefert werden. Nach der körperlichen Erholung durch eine Kur probiert Georg nun behutsam, auch seelisch und sozial wieder Tritt zu fassen.

Die Burnout-Autorin Maslach hat die drei Hauptsymptome des Ausbrennens charakterisiert:

1. Emotionale Erschöpfung

Die Betroffen fühlen sich chronisch müde und regelrecht ausgelaugt; das besonders in helfenden Berufen so wichtige Mitgefühl nimmt ab und man spürt nur noch sehr gedämpfte emotionale Reaktionen auf andere Menschen.

2. Depersonalisation

Die Authentizität, das ganz persönliche, echte und lebendige Einbringen der eigenen Person in die Arbeit schwindet; man wahrt zunehmend persönliche Distanz (die dann als Professionalität verkauft wird) und kann in fortgeschrittenen Stadien nur noch mechanisch reagieren. Am Ende funktioniert man gerade noch als die Hülle seiner selbst. Typisch sind negative Haltungen, die die Betroffenen in den Augen von Kollegen und Kunden als zynisch erscheinen lassen.

3. Reduziertes Wirksamkeitserleben

Ausgebrannte erleben sich nur noch sehr eingeschränkt leistungsfähig. Ihr typisches Empfinden ist, immer weniger zu erreichen, obwohl sie ständig ihren Aufwand hoch halten, ja diesen oft sogar noch steigern. Während sie im Anfangsstadium das (vermeintliche) Schwächeln noch kompensieren können, resignieren sie in späteren Phasen zunehmend.

Wie aus den bisherigen Erläuterungen zu entnehmen war, ist ein typisches Kennzeichen des Ausbrennens der Verlauf in Phasen. Es ist nicht so, als ob ein heftiger Windstoß die Flamme mit einem Schlage löscht. Vielmehr durchläuft der Arbeitsüberdrüssige von der lodernden Aufbruchstimmung bis zum Verglimmen des letzten Funkens charakteristische Stadien. Das folgende Fünfphasen-Modell orientiert sich an Darstellungen von Bronsberg & Vestlund, Edelwich & Brodsky, Becker & Gonschorek, Petersen und Franck.

Phase 1: **Brennen / Honeymoon**
Idealismus / Enthusiasmus
Der feurige Start in die Aufgabe

Phase 2: **Gesunde Arbeit**
Realismus / Pragmatismus
Die effiziente Bewältigung des Arbeitsalltags

Phase 3: **Warnsignale / Awakening**
Stagnation / Überdruss
Die ersten Krisenzeichen der Burnout-Gefahr

Phase 4: **Frustration / Brownout**
Enttäuschung / Depression
Die selten aufflackernde Energie wird auf das Notwendigste beschränkt

Phase 5: **Burnout / Blackout**
Verzweiflung / Zusammenbruch
Endstadium einer echten Lebenskrise ist erreicht

Auszubrennen ist kein Schicksal. Sie können in jeder Phase aus der Burnout-Karriere aussteigen. Durch einen erholsamen Urlaub, eine Fortbildung, beigelegte Streitigkeiten am Arbeitsplatz und in der Familie oder ähnliches ist durchaus ein Wiederaufflackern der Energie und der Arbeitsfreude möglich. Andererseits habe ich bei schweren Krisen auch das Überspringen einer Phase erlebt. In manchen Burnout-Karrieren fehlt z.B. Phase 2 gänzlich. Je ernsthafter und weiter die Burnout-Entwicklung fortgeschritten ist, desto mühevoller ist die Umkehr. Bewältigungsversuche werden später schon deshalb seltener, weil nach vielen schief gelaufenen Änderungsversuchen die Scheu der Betroffenen vor weiteren Fehlschlägen wächst. Da man jede zusätzliche Enttäuschung vermeiden möchte, wird die Krise dann leicht chronisch.

Ich fasse die wesentlichen Merkmale des Ausbrennens nun noch einmal zusammen zu einer

Burnout-Definition: *Im Falle einer Burnout-Krise nimmt die psychische Belastbarkeit bereits im mittleren Berufsalter, zunehmend sogar schon in den Dreißigern, ab. Menschliche Überforderungen und Enttäuschungen führen zu emotionaler Erschöpfung und Resignation. Der phasische Verlauf kann bis zur Entfremdung von sich selbst und zu völligem Rückzug von anderen Menschen führen und in Depressionen und körperlichen Erkrankungen münden.*

Es sind in erster Linie die überhöhten Ansprüche an sich selbst, verbunden mit bisweilen exzessiver Anstrengung, diesen gerecht zu werden sowie ein fatal unterentwickeltes Belastungs- und Erholungsmanagement, welche Gefährdete kennzeichnen. Die Energiebilanz ist beständig im Minus, Krafttankstellen werden nicht mehr angefahren (was auch bedeutet, dass Unterstützungsgesuche gegen Null gehen). Die Fähigkeit, sich abzuschirmen, abzuschalten, umzuschalten, zu entspannen und sich zu regenerieren, ist gestört. Die gesamte Berufs- und Lebenszufriedenheit schwindet.

Im folgenden Kapitel werden die einzelnen Stadien näher erläutert und die Befindlichkeit der Menschen in der jeweiligen Etappe plastisch veranschaulicht. Doch zuvor möchten Sie viellcicht erst einmal feststellen, in welchem Ausmaß Sie selbst gegenwärtig vom Ausbrennen betroffen sind. Hierfür haben die Burnoutforscher Pines, Aronson und Kafry einen Test entwickelt. Diese „Überdruss-Skala" erfragt in 21 Punkten Ihre gefühlsmäßige Situation und ermöglicht Ihnen, das Ausmaß ihrer körperlichen, emotionalen und geistigen Erschöpfung in einer siebenstufigen Skala einzuschätzen. Dieses Instrument hält strengen wissenschaftlichen Kriterien letztlich nicht Stand, ermöglicht Ihnen jedoch einen ersten Indikator für Ihr Risiko. Eine zweite Selbsttestmöglichkeit bietet Ihnen die Checkliste im Anhang.

Versuchen Sie, sich Ihre Empfindungen in der letzten Zeit zu vergegenwärtigen, und tragen Sie nach folgender Abstufung jeweils die für Sie zutreffende Zahl in die Antwortrubrik ein:

1 niemals
2 fast niemals
3 selten
4 manchmal
5 oft
6 meistens
7 immer

1. Ich bin müde	
2. Ich fühle mich niedergeschlagen	
3. Ich habe einen guten Tag	
4. Ich bin körperlich erschöpft	
5. Ich bin emotional erschöpft	
6. Ich bin glücklich	
7. Ich bin „erledigt"	
8. Ich bin „ausgebrannt"	
9. Ich bin unglücklich	

10. Ich fühle mich abgearbeitet	
11. Ich fühle mich wertlos	
12. Ich fühle mich gefangen	
13. Ich bin überdrüssig	
14. Ich bin bekümmert	
15. Ich bin über andere verärgert oder enttäuscht	
16. Ich fühle mich schwach	
17. Ich fühle mich hoffnungslos	
18. Ich fühle mich zurückgewiesen	
19. Ich bin optimistisch	
20. Ich fühle mich tatkräftig	
21. Ich habe Angst	

Wie erhalten Sie nun Ihren Burnout-Wert?

- Zählen Sie Ihre Werte für folgende Fragen zusammen:
  1, 2, 4, 5, 7, 8, 9, 10, 11, 12, 13, 14, 15, 16, 17, 18, 21 ______ (A)

- Zählen Sie auch Ihre Werte für folgende Fragen zusammen: 3, 6, 19, 20 ______ (B)

- Ziehen Sie den B-Wert von der Zahl 32 ab ______ (C)

- Zählen Sie den A-Wert und den C-Wert zusammen ______ (D)

- Teilen Sie den D-Wert durch 21, und Sie erhalten Ihren Überdruss- oder Burnout-Wert

  ______

Was bedeutet dieser Wert nun?

Ist Ihr Ergebnis kleiner als 3, sind sie kaum oder gar nicht burnoutgefährdet. Die Phasen 1 oder 2 charakterisieren am ehesten Ihre Position im Burnout-Prozess. Lassen Sie sich einladen, das Phänomen Burnout kennen zu lernen und die Informationen dieses Buches in für Sie angemessener Weise zu nutzen. Vielleicht möchten Sie ja eigene Vorsorge oder Präventionen für Mitarbeiter betreiben, vielleicht interessieren Sie Hilfsmöglichkeiten für Freunde und Bekannte.

Liegt Ihr Wert zwischen 3 und 3.6, besteht eine mittlere Gefährdung. Sie befinden sich mit großer Wahrscheinlichkeit in der Phase 3. Ihnen sei empfohlen, vorsorglich etwas zu unternehmen. Vielleicht nutzen Sie dieses Buch, um das eigene Risiko besser zu verstehen. Sie werden eine Vielfalt von Anregungen finden und können in Ruhe prüfen, in welchen Bereichen Ihres Privat- und Berufslebens Sie Nachbesserungen vornehmen möchten.

Haben Sie eine Zahl über 3.7 erhalten, stehen Sie unter einem hohen Risiko auszubrennen. Der Wert entspricht in etwa der Phase 4. Sie sollten schleunigst gegensteuern. Prüfen Sie sich bezüglich der Hinweise dieses Buches ehrlich und genau und beginnen Sie umgehend, die für Sie zutreffenden Bereiche in Angriff zu nehmen.

Von einem Wert ab ca.4.5/5 befinden Sie sich in einer schweren Krise, wie sie in Phase 5 beschrieben ist. Ihre Bordmittel reichen wahrscheinlich nicht mehr aus, um eine Umkehr aus eigener Kraft herbeizuführen. Nach der Lektüre dieses Buches liegt Ihre Chance in einer radikalen Neubewertung Ihres gegenwärtigen Lebens. Für ein solch mutiges Unterfangen möchte ich Ihnen anraten, kompetente Hilfe in Anspruch zu nehmen.

2. Entwicklung und Phasen des Ausbrennens

Phase 1: Brennen / Honeymoon

„Es beginnt lodernd"

Die Zeit der Ausbildung ist abgeschlossen. Viele Erlebnisse bleiben in intensiver und genussvoller Erinnerung; jedoch auch manche Einschränkung und Entbehrung hinterlässt ihre Spuren im Gedächtnis. Wissen ist angesammelt worden, und etliche Theorien geistern durch den Kopf. Nun brennt man vor Neugier und Tatendrang, endlich eigene berufliche Erfahrungen zu machen, in die Praxis einzutauchen, Ideen umzusetzen und sich selbst und die eigenen Potenziale auszuprobieren. Mit lodernder Begeisterung geht man sowohl den Berufs- oder Tätigkeitsbeginn an wie übrigens auch die Aufgabe als Hausfrau und Familienmanagerin; endlich kann man den gesamten Strom der Energien in die angestrebten Ideale fließen lassen.

Das leidenschaftliche Engagement läßt einen auf Wolke Sieben schweben. Überstundenvergütung oder Pausenregelung sind kein Thema. Ein Gefühl unendlicher Energiereserven durchströmt Körper und Seele. Man will der Beste sein und das Beste geben. Das ist herausfordernd, erregend und belebend. Bestätigungen von Kollegen, Vorgesetzten, Kunden, Klienten oder Patienten lassen die Menschen auf einer Woge der Schaffenskraft schwimmen. Fast fühlt man sich eins mit dem Job, arbeitet lange und hat Spaß dabei.

Manchmal spürt man den Neid der berufserfahrenen Kollegen und Kolleginnen, die ihre Energie bereits etwas ökonomischer einsetzen und das Feuer auf Sparflamme reduziert haben. Eine manchmal überdrehte Aktivität trübt den Blick für das Ausmaß an realen Anforderungen. Man fühlt sich unentbehrlich, wichtig und sinnerfüllt. Die Erwartungen von Familie, Freunden und anderen privaten Bezugspersonen sowie eigene außerberufliche Wünsche, Bedürfnisse und Notwendigkeiten geraten leicht ins Hintertreffen. Da man sich einig ist, dass ein solches Engagement am Beginn einer Etablierung und einer Karriere notwendig ist, wird dies allerdings anfänglich bereitwillig akzeptiert. Sich Zeit zu nehmen für etwas Anderes steht nicht auf der Tagesordnung.

Unser persönlicher Einsatz, unser Reichtum an Verbesserungsvorschlägen und unsere Illusion von unbegrenzter Machbarkeit erlauben uns permanent hochtourig zu laufen. Personen in dieser Phase lassen sich verständlicherweise ungern von den alten und abgeklärten Hasen etwas sagen; das Augenmaß für realistische Möglichkeiten und Grenzen fehlt. Die Lebensenergie, verwendet für andere Menschen, den Job und unangemessene Ziele, wird exzessiv ausgebeutet und ineffektiv eingeteilt.

In dieser Zeit hat man noch kein Gefühl für die eigene Selbstüberschätzung, die zu hoch gelegte Messlatte der eigenen Ziele, die Gefahr der persönlichen Allmachtsphantasien und die natürlichen Grenzen der körperlichen, seelischen und geistigen Energien. Wohlgemerkt: Engagement führt nicht zu Burnout; die überhöhten Zukunftshoffnungen und die unrealistischen Erwartungen beim beständigen Blick durch die rosarote Brille jedoch erschweren die Wahrnehmung der tatsächlichen äußeren Situation und verhindern somit das Ausrichten einer sensiblen Antenne nach innen. Dadurch werden erste sich durchaus meldende Warnsignale nicht wahrgenommen; die Batterie entleert sich unmerklich, ohne dass sie an eine Lichtmaschine angeschlossen wird.

Phase 2: Gesunde Arbeit

„Die Flamme brennt"

Die normale und gesunde Entwicklung zeigt im Weiteren folgendes Bild: die überschäumende Arbeitswut pegelt sich früher oder später auf Normalniveau ein. Der Reiz des Neuen verblasst, das Austesten der Grenzen hat ein Gefühl für den realistischen Leistungsrahmen geschaffen. Nachdem man wie ein Schwamm die neuen Eindrücke aufgesaugt hat, entwickelt man nun eine Haltung des ausgewogenen gesunden Leistungsflusses. Man hat sich einigermaßen etabliert, verspürt zunehmende Sicherheit und Vertrautheit mit den Anforderungen und Möglichkeiten und kann die erworbenen Erfahrungen konstruktiv zur weiteren Entwicklung einsetzen. Erst jetzt eigentlich empfindet man die Befriedigung, die eigenen Ressourcen ökonomisch, kräftig, zielstrebig und sinnhaft nutzen zu können.

Dem einen mag die Arbeit alles bedeuten, er geht in ihr auf, sie ist Hauptquell der Selbstbestätigung. Dem anderen gelingt ein ausgewogenes Verhältnis zwischen Beruf und Privatleben, beide Bereiche werden lustvoll und ergiebig ausgeschöpft und ergänzen sich im Idealfall.

Wer in der Lage war, rechtzeitig – und das kann individuell ganz unterschiedlich sein – von der Enthusiasmus-Phase auf gesunde und ausgewogene Normalität umzuschalten, hat bereits ein eminent wichtiges Kriterium der Burnout-Vorbeugung erfüllt. Er versteht nämlich, die Ökonomie des eigenen Energiehaushaltes zu würdigen und neben kraftvoller Karriereplanung die realen Machbarkeiten im Auge zu behalten. Mit der Erfahrung entwickelt man die Fähigkeit, eine gesunde Balance zwischen Enthusiasmus und Pragmatismus herzustellen. Belastung und Erholung, Freizeit und Beruf werden zunehmend in ein ausgewogenes Gleichgewicht gebracht. Jetzt ist realistische Zielplanung notwendig, damit in überschaubaren Schritten kontinuierliche Erfolgserlebnisse und die Freude am Schaffen gewahrt bleiben. Auf diese Weise können wir vermeiden, dass wir der, wie Selye es formuliert, „biologischen Notwendigkeit Arbeit" überdrüssig werden.

Phase 3: Warnsignale / Awakening

„Der Funkenflug wird matter"

In vielen Fällen der Burnout-Entwicklung ist die zweite Phase nur von sehr kurzer Dauer, oft fehlt sie gänzlich. Glücklich schätzen können sich diejenigen, die die Phase drei nur gelegentlich besuchen, um sie nach einer überschaubaren Zeit wieder zu verlassen, also Menschen, die erste Warnzeichen ernst nehmen und sich entsprechend neu justieren. Fast alle kennen einen solchen Verlauf. Problematisch wird es dann, wenn diese Stufe den Durchgang und weiteren Abstieg zur Phase vier darstellt. Doch nun zu den typischen Merkmalen. Irgendwann kommt ein Tag, an dem sich erste nagende Fragen in Kopf und Bauch einzunisten beginnen. Steht das Ergebnis der Bemühungen in angemessenem Verhältnis zum eingesetzten Aufwand? Bin ich gut genug? Kann und will ich allen Erwartungen gerecht werden? Was bekomme ich eigentlich für all das, was ich gebe? Wird mein Einsatz genügend gewürdigt? Man spürt ein vages Gefühl, dass etwas nicht in Ordnung ist. Sowohl seelisch als auch körperlich melden sich Anzeichen eines chronischen Hochdrucks. Die Erfolge gehen zurück, trotz hohen Einsatzes scheinen die angestrebten Ziele in weite Ferne zu rücken.

Häufig wird nun das Mittel eines gesteigerten Energieeinsatzes und vermehrter Anstrengung gewählt, um die gewohnten Leistungsstandards beibehalten zu können. Die oft in dieser Phase eintretenden ersten, teilweise herben Enttäuschungen werden umgemünzt und sich selbst mit schönfärberischen Argumenten schmackhaft gemacht. Angst- und Versagensgefühle werden verdrängt. Effizienzüberlegungen nehmen einen zunehmend größeren Raum ein. Perfektere Arbeitstechniken und ausgefeiltere Methoden ersetzen das persönliche Engagement und übertünchen den persönlichen Rückzug von den Menschen, mit denen man arbeitet. Selbstzweifel plagen auch nachts; die ersten Schlafstörungen treten auf. Der Körper reagiert mit ersten Symptomen wie Magenbeschwerden oder Kopfschmerzen. Die Anfälligkeit für Krankheiten wächst.

Das Ende der Blauäugigkeit ist unaufhaltsam gekommen. Man wacht auf, schüttelt sich und kommt zu sich. Die Wirklichkeit schlägt zurück. Unmerklich lässt man sich von der negativen Haltung der Kollegen anstecken. Anfangs versucht man noch zaghaft, dagegen anzugehen, doch für den Ausbrennenden mutieren Schüler leicht zu Rabauken, Patienten verlieren ihren Charakter als Individuum und werden zum „Magen von Zimmer acht", König Kunde entwickelt sich mehr und mehr zum querulatorischen Störenfried des reibungslosen Arbeitsablaufes. Eine Krankenschwester formuliert ihren Überdruss so: „Im Prinzip macht die Arbeit auf Station großen Spaß – wenn nur nicht die Patienten und Kollegen wären."

Ein Psychologe muss widerwillig erkennen, dass er seinen Patienten ihren Zustand viel lieber mit komplizierten Fachausdrücken erklärt und kluge Ratschläge erteilt, als sich wie früher engagiert zu bemühen, diese in ihrem Leiden einfühlsam zu verstehen. Und eine Sachbearbeiterin bei einer Versicherung, verantwortlich für die Regulierung von Schadensfällen, beschreibt ihr Menschenbild mit den Worten: „Alles Schwindler; keinem kann man glauben."

Zum ersten Mal spürt man den Impuls, sich sogar von der Familie, Freunden und Kollegen zurückzuziehen. Man fühlt sich rasch angespannt, läuft Gefahr, gereizt zu reagieren, ist häufiger müde und rascher erschöpft. Die früheren Ideale sind erheblich geschrumpft; als Rechtfertigung darüber wird erhöhte Reife und realistische Abgeklärtheit vorgeschoben. Die anfangs so reich bemessene Energie wird knapper. Es gibt immer noch Phasen der Erholung, der Schaffenskraft, ja, des Gefühls, jetzt über den Berg zu sein. Doch dann fällt man wieder in ein Tal der Passivität, der Müdigkeit und des energetischen Sparflammenhaushaltes.

Bei vielen Menschen wird diese Burnout-Warnphase mitbedingt und eingeleitet durch eine Änderung der Lebens- und Arbeitsbedingungen. Berichtet wurde mir von Wechseln des Partners, des Vorgesetzten, des beruflichen Standortes, aber auch von stattgefundener sowie ausgebliebener Beförderung. Die Gefahr des Ausbrennens stieg in der Regel mit der Bedeutung, die das Ereignis für den Betroffenen hatte; ausschlaggebend war die Art und Weise, wie er den Einschnitt im Leben gefühlsmäßig wahrnahm und verarbeitete.

Phase 4: Frustration / Brownout

„Arbeiten auf Sparflamme"

Mit unbeirrbarer Zielstrebigkeit setzt der Rückzug sich fort. Die permanente Überbeanspruchung führt zu verstärktem Überdruss und zunehmender Enttäuschung. Der alte Schwung ist dahin, die immer wiederkehrende Aktivität wird zu einem Teil der eigenen Vergangenheit, bleibt lediglich in der Erinnerung. Zur eigenen Initiative reicht die Kraft nicht mehr, widerwillig versucht man, den sich auftürmenden Berg anzugehen. Die letzten Energien werden dazu verwendet, die Arbeit auf das Notwendigste zu reduzieren. Der Widerstand, täglich ins Büro zu gehen, den Dienst anzutreten oder sich dem nie Ruhe gebenden Moloch Hausarbeit zuzuwenden, muss im sich wiederholenden zähen Kampf niedergerungen werden. Nach Arbeitschluss senkt sich die große Müdigkeit wie ein bleierner Schleier über die Gebeutelten.

Als besonders auffällig und unangenehm erleben die Kollegen von Ausgebrannten deren Gereiztheit. Bereits harmlose Kleinigkeiten bringen Menschen in dieser Phase auf die Palme. Man wird ungeduldig mit sich und anderen, ist unwirsch und reagiert viel eher zynisch statt ruhig, einfühlsam und angemessen. Andererseits verspüren Personen in dieser Burnout-Etappe eine gähnende Gleichgültigkeit. Sie werden von dem Empfinden gelähmt, es habe ja sowieso alles keinen Sinn und Zweck mehr.

Verständlicherweise neigt man in dieser bitteren Situation dazu, die Ursache für seine Reaktionen nicht bei sich selbst, in der eigenen festgefahrenen Situation zu suchen. Eher schreibt man die Schuld anderen zu, den Kollegen, Freunden, Kindern oder dem Partner. Und manchmal liegt es ja auch am krankmachenden Arbeitsplatz oder an nervtötenden und gehässigen Mitarbeitern, wenn der Überdruss an Kunden, Mandanten und Patienten überhand nimmt.

Parallel zu unserer Unzufriedenheit wachsen die seelisch-körperlichen Beschwerden. Man erlebt bei sich eine andauernde Veränderung der Ess- und Schlafgewohnheiten; die Anfälligkeiten und Kränkeleien werden zunehmend zu willkommenen Anlässen für kurzzeitige Fluchten vom Arbeitsstress. Bereits am Wochenanfang bucht man die ersten Tagtraumreisen zum nächsten Freitagnachmittag (worin man durch arbeitsfeindliche Rundfunkkommentare auch noch unterstützt wird). Die Gespräche drehen sich zunehmend um Urlaub oder sogar Altersruhestand. Der Magen reagiert sauer, der Kopf schmerzt, Herzbeschwerden ängstigen die Betroffenen, auch das unbewegte Skelettsystem und die verspannte Muskulatur machen uns zu schaffen. Langsam aber sicher spürt oder zumindest ahnt man die zunehmende Erfolg- und Machtlosigkeit. Dies führt zu vermehrten Empfindungen von Hilflosigkeit und Depressionen. Immer länger werden die Phasen, in denen man sich mutlos statt energetisch und initiativ fühlt. Klagelieder des Selbstmitleids, unmotivierte Wutausbrüche oder verbittertes Abkapseln sind Anzeichen für die stark geschrumpfte Belastbarkeit. Man fühlt sich leer und festgefahren.

Wegen der Schuld- und Ursachenzuschreibung außerhalb der eigenen Person wird natürlich auch das Verhältnis zu Kollegen zunehmend gespannter, die Haltung ihnen gegenüber immer negativer, somit die gefühlsmäßige Abkopplung von Menschen stärker und der Rückzug endgültiger. Dies betrifft oft alle Lebensbereiche; Kollegen, Vorgesetzte und Unterstellte genauso wie Kunden, Klienten oder Patienten. Auch die Zahl der (wirklichen) Freunde reduziert sich auf ein Minimum, zum Schluss bleibt gerade noch der Partner oder die Familie, bevor der Betroffene ganz vereinsamt. Die zentralen Risiken bestehen darin, dass die Betroffenen keine Kraft für Entscheidungen oder Richtungsänderungen haben, also nicht mehr konstruktiv handeln können und ihr Heil deshalb in Flucht und Sucht suchen.

Phase 5: Burnout/Blackout

„Die Glut verlischt"

In Bewegungsenergie ausgedrückt waren die ersten vier Phasen gekennzeichnet durch begeistertes Voranstürmen, kraftvolles Ausschreiten, gedrosseltes und gemäßigteres Vorangehen und qualvolles Ringen um kleinste Schrittchen. Von dieser Phase an bleibt es beim Stillstand beziehungsweise geht es rückwärts. Die betroffenen Menschen, die sich bis hierhin ohne gegensteuernde Maßnahmen durchgeschunden haben, sind wirklich ausgebrannt. Sie ziehen sich zurück, schreiten in ihrer beruflichen Entwicklung bergab und verabschieden sich von ihren Idealen. Ja, sie entwickeln sogar einen regelrechten Widerwillen gegen sich selbst.

Wer dieses Burnout-Entwicklungsstadium erreicht hat, ist für sich selbst und andere nur noch sehr schwer zugänglich. Wir kennen diesen Zustand auch als Depression, als völlige Verzweiflung. Im schlimmsten Fall verwandelt sich der innere und äußere Rückzug in eine regelrechte Apathie; dann wird es unendlich mühselig, jemanden ohne psychotherapeutische Hilfe „wiederzubeleben". Selbsthilfe und Freundeshilfe greifen nicht mehr.

Jedoch sogar hier (oder vielleicht gerade hier) finden wir absolut untaugliche Problembewältigungs-Maßnahmen wie übermäßigen Alkoholkonsum, Missbrauch von Medikamenten und Drogeneinnahme. Die Betroffenen sind zwar wie erstarrt, erledigen jedoch irgendwie noch das Notwendigste. Durch ihre Vorleistungen und Machpositionen sowie unter dem Schutz und mit Unterstützung anderer können sie durch auf ein Minimum herabgeschraubte Anforderungen wie die Hülle ihrer selbst noch notdürftig funktionieren.

Eine Stimmung des völligen Versagens füllt den Menschen aus; man fühlt sich wie gelähmt und von Gefängnismauern umgeben. Die negative Einstellung hat sich zu Widerwillen sich selbst und anderen gegenüber gewandelt, die Entmutigung und Hoffnungslosigkeit ist zu Leere und existentieller Verzweiflung geronnen, die Krankheitsanfälligkeit und die funktionellen Störungen sind längst wirklichen, ernsten Geschwüren, Geschwulsten und Defekten gewichen. Zunehmend vorherrschend wird das Gefühl der völligen Desillusionierung und vor allem der Sinnlosigkeit. Da man sich selbst kaum noch ertragen kann, wächst das Risiko suizidaler Gedanken und Handlungen. Andererseits ist man auch für andere nur noch mit viel Toleranz auszuhalten; daher nimmt die Wahrscheinlichkeit des Alleinbleibens und der totalen Isolation zu. Langfristige Arbeitsunfähigkeit und Krankheit sind nun fast unvermeidlich Ständig droht der absolute Zusammenbruch. Nur mit professioneller und konsequenter Expertenhilfe, am besten stationär, besteht die Chance, auch diesem Endstadium noch zu entfliehen, umzukehren und einen kompletten Neuanfang zu probieren.

3. Burnout und andere Arbeitsstörungen

Die krank machenden Bedingungen des modernen (Berufs-) Lebens, der ruinöse Stress in der Firma, Mobbing als vermeintlich kostengünstige Trennungsvariante von älteren Mitarbeitern oder auch die zunehmende Arbeitsunlust der Werktätigen erfordern eine definitorische Differenzierung und Abgrenzung der Probleme. Damit Sie selbst Ihre eigene Situation klarer einschätzen können, werde ich nun die verschiedenen Aspekte eines beeinträchtigten Arbeitsablaufes kurz erläutern:

Ausbrennen: Typisch für das Ausbrennen ist eine Abnahme der psychischen Belastbarkeit bereits im mittleren Berufsalter. Die Betroffenen haben ihre Tätigkeit in aller Regel zu Beginn idealistisch und schwungvoll aufgenommen. Sie neigen im weiteren Verlauf zu exzessivem Anstrengen und Verausgaben und brennen – wie eine an beiden Seiten entzündete Kerze – ohne genügend neue Energiezufuhr herunter. Später erleben sie Gefühle der Erschöpfung und Hilflosigkeit; sie neigen zu Hoffnungslosigkeit und Resignation, da sie sich menschlich überfordert und enttäuscht fühlen. Die Beeinträchtigungen beginnen schleichend, nehmen im phasischen Verlauf zu und können in Entfremdung von sich selbst, völligem Rückzug von Menschen und deren Problemen, in Depressionen und körperlichen Erkrankungen münden (nach Petersen). Die Störungen umfassen alle Lebensbereiche.

Stress-Reaktionen: Wenn ein Mensch sich durch eine zeitlich andauernde oder kurzfristig äußerst starke Belastung bedroht fühlt und dieses Erleben (ganz subjektiv) als grundsätzliche Gefahr für die eigene Person und die eigenen Fähigkeiten einstuft, setzt eine Reihe vegetativer Ausgleichsreaktionen ein (Blutdruck und Puls schnellen beispielsweise in die Höhe, der Zuckerhaushalt reguliert sich neu, oder die Muskeln reagieren mit erhöhter Anspannung). Der Körper geht in Alarmbereitschaft, um auf die Bedrohung angemessen reagieren zu können. Wir spüren diesen „Alarm des Körpers" auch durch eine Leistungsbeeinträchtigung. Von kurzen Stressphasen erholt unser Organismus sich in der Regel. Bei Dauerstress kommt es nach einer vorübergehenden Anpassung unseres Organismus durch die aufgeputschte Physiologie zu Herz-Kreislaufproblemen, Darmverkrampfungen, Magenübersäuerung und anderen Störungen. Wenn der Stressor nicht abgestellt wird, kein Ausgleich für den Organismus geschaffen werden kann, eine zielgerichtete Bewältigung ausbleibt oder die innere Einstellung zum Stressauslöser sich als nicht wandelbar erweist, können chronische, nicht reparable Krankheiten oder der Tod die Folge sein.

Innere Kündigung: Wer die Zuversicht verloren hat, seine Ideen und sein Engagement im beruflichen Bereich zur eigenen Zufriedenheit verwirklichen zu können oder durch mangelnde Anerkennung, Bezahlung oder sonstige Berücksichtigung erhebliche Enttäuschungen hinnehmen musste, kündigt immer häufiger innerlich. Dies kann als ein Versuch angesehen werden, eine Position mit dem geringst möglichen Aufwand nach außen formal zu halten. Der Mitarbeiter verliert das Interesse an der Qualität der eigenen Arbeit und am Erfolg der Firma/der Einrichtung. Eine Enttäuschung, ein Konflikt oder eine späte Phase des Ausbrennens werden durch anstrengungsarmen Dienst nach Vorschrift zu bewältigen versucht. Da die Risiken oder die Unannehmlichkeiten einer wirklichen Beendigung des Arbeitsverhältnisses gescheut werden, kündigt man lediglich heimlich. Dieser innere Abschied äußert sich durch mangelnde Produktivität am Arbeitsplatz, minimalen Einsatz für Kunden/Patienten und hohe Fehlzeiten. Dieser Zustand wird auch „Rustout" genannt. Man rostet nur noch lustlos und griesgrämig vor sich hin. Im Endstadium ist man durchgerostet. Engagement und Kreativität abseits der beruflichen Tätigkeit bleiben davon in der Regel unberührt, ja, sie gelangen dort sogar häufig zu voller Feierabend- und Wochenend-Blüte.

Beruflicher Schongang: Dieser Stil der Bewältigung des Arbeitsalltages ähnelt zuerst einmal demjenigen der innerlichen Kündiger. Auch hier hat der Mitarbeiter seine Bereitschaft eingeschränkt, die volle Leistungsfähigkeit seinem Unternehmen zukommen zu lassen. Und doch unterscheidet er sich in zentralen Punkten. Die gesamte Grundstimmung ist deutlich zufriedener und ausgeglichener; die Entscheidung für die persönliche Einsatzaufteilung Beruf und Privatleben ist ohne Not bewusster getroffen worden und das Engagement für den Beruf entbehrt des Verweigerungscharakters. Es gibt eben auch noch ein Leben außerhalb des Konzerntores, könnte deren Motto lauten. Es handelt sich hierbei eher um eine (eigentlich verständliche und auch gesunde) Schonhaltung – man quält sich bei Krankheit nicht an den Schreibtisch, nimmt sich andererseits allerdings auch keine „Rache-Dienstunfähigkeit"; man macht seinen Job ohne Beanstandung, meldet sich hingegen nicht immer als erster. Stressbewältigungs-Kompetenzen und das Belastungs- und Erholungsmanagement sind meist recht bekömmlich entwickelt.

Arbeitssucht: Hier liegt ein eng an die Persönlichkeit des arbeitenden Menschen gekoppeltes Verhalten vor, welches, wie der Name bereits andeutet, Krankheitswert hat. Ein „Workaholic" braucht die Arbeit wie eine Droge; sie putscht ihn auf, hilft ihm über Krisen hinweg und bestimmt schließlich den gesamten Lebensrhythmus. Kollegen und Unterstellte in der Firma sowie Familie und Freunde im Privatleben werden in das Abhängigkeitssystem mit hineingezogen („Co-Workaholics"). Ein Arbeitssüchtiger sucht die Arbeit und schafft in der Regel auch viel weg. Er kann ausbrennen, wenn die stimulierende Suchtwirkung der Droge Arbeit wegen fortgesetzten Missbrauchs ausbleibt, muss es jedoch nicht zwangsläufig. Diese Problematik bekommt zunehmende Bedeutung durch die dramatische Verknappung der Personalressourcen und den Druck, immer mehr Arbeit von immer weniger Menschen erledigen zu müssen.

Mobbing: Früher nannte man es Psychoterror im Betrieb, hinterhältig-berechnendes Schmieden von Intrigen oder einfach sozialen Stress. Wenn Menschen zusammen leben und arbeiten, benutzen sie, wie im sonstigen Leben auch, allerlei ausgefeilte Folterwerkzeuge. Das ausgemachte Opfer wird ständig kritisiert und unterbrochen; die Kontakte werden unterbunden und Informationen vorenthalten; man wird regelrecht sozial isoliert. Dazu kommen das Verbreiten von Gerüchten, das Entziehen von Verantwortung und Kommunikationsmitteln bis hin zu völliger Unterforderung sowie regelrechte Sabotageakte. Sowohl Vorgesetzte, Unterstellte als auch gleichberechtigte Kollegen untereinander setzen diese oft aus empfundener Ungerechtigkeit, heimtückischer Boshaftigkeit oder vor allem zielgerichteter bewusster Zermürbungsstrategie ein, um einen Kollegen oder eine Kollegin systematisch zu zermürben, aus der Position zu vergraulen und sie zu vernichten. Über einen längeren Zeitraum hinweg führt eine solche Behandlung unweigerlich zu sozialen, seelischen und körperlichen Schäden. „Mobber" nehmen so etwas bei ihren gezielten Angriffen, Verletzungen, Verleumdungen, Belästigungen und Nichtbeachtungen bewusst in Kauf. Gemobbt werden meist Personen, die sich in einem typischen Merkmal von den anderen Mitarbeitenden unterscheiden (und dadurch – oft als „Neue" – den vermeintlichen „Betriebsfrieden" gefährden). Es trifft die Frau unter Männern, den Alten unter Jungen, den Schnellen unter Langsamen (oder umgekehrt), den Konservativen unter Progressiven usw. Besonders beliebt ist die Variante „Bossing": der Chef glaubt, den Mittfünfziger in seiner Mannschaft durch Zermürbungstaktik billiger loszuwerden als durch einen fairen Auflösungsvertrag. In den häufigsten Fällen ist diese Variante allerdings durch die massive Beeinträchtigung des Betriebsklimas unter dem Strich die teuerste.

Depression: Depressionen sind psychische Erkrankungen mit chronischer Störung der Stimmung, Angstzuständen, innerer Unruhe und Schlafproblemen. Typisch sind Schuldgefühle, die pessimistische Sichtweise der Lebenssituation und die Hoffnungslosigkeit für die Zukunft. Das Interesse und die Freude an fast allen üblichen Aktivitäten ist geschwunden. Die Erkrankten fühlen sich traurig, trübsinnig, niedergeschlagen, unzulänglich und ermüdbar; sie sind genussunfähig, grübeln, beklagen sich, sie schlafen schlecht und alles ist anstrengend.

Die Depression in ihren zahlreichen Spielarten weist große Ähnlichkeit mit den depressiven Symptomen in der Endphase des Ausbrennens auf. Wahrscheinlich ist berufliches Ausbrennen eine von zahlreichen Möglichkeiten, eine Depression auszulösen, denn bei Krankheitsbeginn im höheren

Lebensalter findet man oft vorangegangene Trennungen, Verluste oder Belastungen. So könnte auch eine nicht bewältigte Trennung von eigenen Idealen und Ansprüchen ihre Langzeitwirkung in einer Depression finden. Von einer „Krankheit Depression" spricht man erst nach einem zweijährigen Symptombild.

Als Unterscheidungsversuch mögen die Hinweise dienen, dass das Ausbrennen einem Entwicklungsverlauf in typischen Phasen unterliegt, dass Burnout-bedingte depressive Gefühle nicht allgemein das gesamte Leben lähmen, sondern nur umgrenzte Bereiche, und dass die Beschwerden nicht in solcher Intensität wie bei einer Depression erlebt werden. Zudem fühlen Ausgebrannte sich unter dem ständigen Druck eher unermesslich müde und verlieren ihre Werte, während Depressive sich nach nicht verarbeiteten Verlusten eher unendlich traurig, oft sogar leer empfinden.

4. Gefährdete Berufsgruppen

Über Phänomene des Ausgebranntseins wird bereits in der Bibel (am Beispiel des Propheten Elias) berichtet. Wer die klassische Literatur studiert, wird – lange vor Beginn der Burnout-Forschung – des öfteren auf Beschreibungen stoßen, die auch im heutigen Leben auf ausgebrannte Zeitgenossen passen würden (siehe dazu die Beschreibung des Senators Thomas Buddenbrock bei Thomas Mann um 1900).

In den 60-iger bis 70-iger Jahren bildeten die Helferberufe den Schwerpunkt der Ermittlungen. Forschung und Publikation ernannten die „hilflosen Helfer" (Schmidbauer) zur Hochrisikogruppe. Man war sich ziemlich einig, dass Therapeuten, Lehrkräfte, Sozialarbeiter und Krankenschwestern die am stärksten betroffenen Berufsgruppen bildeten. Erst in den späten 70-igern und zu Beginn der 80-iger Jahre wurde man gewahr, dass nahezu ähnliche Symptome bei z.B. Managern gehäuft vorkamen.

Heute erweisen sich Selbständige, leitende Angestellte, höhere Beamte, Personen mit starkem Publikumsverkehr und Menschen auf einer Stelle mit überblickender Verantwortung für Personen, Materialien oder Abläufe als besonders gefährdet. Kennzeichnend sind Merkmale, die für alle Burnout-Kandidaten gleichermaßen gelten. Sie haben ihren Beruf einst selbst gewählt, diesen wirklich geliebt und waren zu Hochleistungen motiviert. Sie wollten etwas bewirken und bewegen. Die Gefühle des Ausbrennens erlebt der für seine Schüler überengagierte Lehrer genauso wie der Schalterbeamte, der seine Kunden zufrieden stellen möchte. Es trifft die Journalistin, die unter Hochdruck ihre Leserschaft mit aktuellster Information versorgen möchte ebenso wie den Kinderarzt, der mit großem Enthusiasmus seine Praxistätigkeit aufnimmt. Ob Piloten, Krankenschwestern, kaufmännische Angestellte, Anwältinnen, Lektoren, Sozialpädagoginnen, Polizisten, Psychologinnen oder ungezählte weitere Berufsgruppen – Ausbrennen stellt sich als eine universelle Bedrohung für Personen in eigentlich interessanten, anregenden und fordernden Tätigkeitsfeldern dar. Nicht deren Engagement, sondern die unrealistischen Erwartungen und Ansprüche machen krank und – die berufliche Konvention, zwar mit den Gefühlen der „Kunden" zu arbeiten („Emotionsarbeiter"), die eigenen Ärgerempfindungen, Verletztheiten und Enttäuschungen hingegen verbergen zu müssen. Wenn Authentizität schwindet und die permanente „Als-ob-Haltung" gefragt ist, wird es auf Dauer eng.

Ein weiterer Risikofaktor ist das Ausmaß des intensiven persönlichen Kontaktes zu anderen Menschen und die Intention, auf diese in irgendeiner Form einzuwirken. Das aus der Physik vertraute und für den menschlichen Umgang abgewandelte Hebelgesetz besagt: Mit der Zeit gerät diejenige Person an den (stressenden) kürzeren Hebel, die von der anderen Person mehr will. Oder andersherum ausgedrückt: Wer sich weniger unter den Druck begibt, bei anderen Menschen etwas erreichen zu wollen, sitzt am (entspannenderen) längeren Hebel.

Personen in helfenden Berufen sind deswegen anfälliger, weil ihre Hauptaufgabe darin besteht, sich intensiv mit Ratsuchenden und deren Belangen zu beschäftigen, auf sie einzuwirken und sich für sie einzusetzen. Zudem befinden sich deren Klienten oder Patienten mit hoher Wahrscheinlichkeit in einer schwierigen Situation oder sogar in einer Notlage. Neben den klassischen Helferberufen wie Psychologen, Ärzten, Psychotherapeuten, Krankenschwestern, Physiotherapeuten, Sozialpädagogen, Erziehern und auch Lehrern oder Pastoren sind ebenfalls Gastwirte, Friseure und Taxifahrer betroffen; Menschen also, denen häufig nebenbei die Sorgen des Alltags anvertraut werden und die in der Regel nur mit ihrem Naturtalent reagieren können. Doch auch Stewardessen, Gefängnispersonal oder Schalterbeamte, um nur Beispiele zu nennen, erfahren täglich aufs Neue, wie aufreibend und auszehrend die Beschäftigung mit eigenwilligen und problematischen Mitmenschen sein kann. Durch diesen Druck werden sie anfälliger für Ermüdung und Resignation als etwa der Softwarespezialist (wenn er nicht im Verkauf tätig ist) oder der Tierpfleger.

Zusammenfassend können wir bis hier bereits festhalten: Gefährdet sind Menschen, die mit Menschen arbeiten (durchgesetzt hat sich der Ausdruck „People work"), die dabei auf andere einwirken wollen oder müssen, Verantwortung und Entscheidungen für diese zu übernehmen haben (bzw. sich dies ohne Not aufbürden), sich regelmäßig verständnisvoll in andere einfühlen und womöglich in hohem Ausmaß mitleiden. Dazu finden wir oft Berufe mit hohem Anspruch an Perfektion und Kreativität. Wenn dieses Bouquet dazu von einem hohen Anforderungs- und Zeitdruck abgerundet wird und man last not least immer professionell freundlich bleiben muss, ist Burnout schon fast vorauszusagen.

Auch Angestellte und Beamte in bürokratischen Organisationen sind betroffen. Sie erleben sich sogar einer doppelten Belastung ausgesetzt: der schwerfällige Charakter der Institution führt oft zu Überdruss, die soziale, kundenorientierte Komponente, erhöht die Gefahr des Ausbrennens. Und nicht zuletzt seien hier speziell die Frauen erwähnt, die immer noch den bekannten Mehrfachbelastungen ausgesetzt sind. Nicht genug damit, dass sie in dem Rollenkonflikt zwischen beruflichem Erfolg, mütterlicher Präsenz und hausfraulicher Perfektion stehen, müssen sie zusätzlich einen weiteren schwer zu managenden Spagat vollführen. So benötigen sie eine höhere Durchsetzungskraft – verglichen mit ihren männlichen Kollegen auf der gleichen Karrieresprosse –, gleichzeitig wird aber auch ein höheres Einfühlungsvermögen und mehr Geduld anderen Menschen gegenüber erwartet („Career woman: Look like a lady, act like a man, work like a dog").

Und doch erleben Angehörige verschiedener Berufsgruppen das äußerlich ähnliche Phänomen Burnout innerlich recht job-spezifisch. Ärzte schildern am ehesten eine Art Entfremdung, eine gefühlsmäßige Entfernung zu Menschen, besonders zu Patienten. Sie stehen unter großem Zeit- und Verantwortungsdruck. Freiberufler unter ihnen leiden unter mangelnder Erfolgsrückmeldung. Psychotherapeuten fühlen sich eher emotional erschöpft, ausgelaugt und hoffnungslos. Sozialpädagogen, Krankenschwestern und -pfleger reiben sich immer wieder an der einschränkenden und kontrollierenden Institution auf. Erzieherinnen vermissen klare Erfolgskriterien. Den Büro- und Verwaltungsangestellten werden die eintönige Routine, die Aktenberge und die jegliche Initiative zunichte machende Trägheit der meist anonymen Organisation zum Verhängnis. Körperliche Belastungen, gefährliche Situationen und mangelnder Rückfluss (durch Geld, Anerkennung und öffentliche Unterstützung) sind Burnout-Ursachen von Polizeibeamten (ähnliches gilt für Soldaten und Feuerwehrleute). Wettbewerbs- und Zeitdruck, verbunden mit Informations- und Freizeitmangel reibt Manager auf. Bei berufstätigen Frauen kommen Schuld- und Angstgefühle hinzu, wenn sie unter der bekannten Doppel- und Dreifachbelastung leiden.

5. Burnout fördernde Arbeitsbedingungen

Die Bürokratie ist es,
an der wir alle kranken.
Otto von Bismarck

Über Ausstattung von Arbeitsplätzen, über die Gestaltung des Betriebsklimas und über die vielfältigen Möglichkeiten, eine Organisation zu strukturieren, ist in erschöpfendem Umfang geforscht und geschrieben worden. Aus der amerikanischen Burnout-Forschungstradition rührt ein Trend her, der auch von Wissenschaftlern wie Schaarschmidt betont wird, diesen Faktoren ein erhebliches Gewicht beim Zustandekommen des Ausbrennens beizumessen. Niemand wird wohl bestreiten, dass die Bedingungen der Arbeitsumwelt sich auf Arbeitsfreude und begeisterten Einsatz beziehungsweise auf Leistungsfrust und Überdruss auswirken. In diesem Kapitel werden solche Faktoren, die von Betroffenen als auch von verschiedenen Autoren genannt werden, beschrieben (daher mögen diese Seiten eher auf den Schreibtisch Ihrer Vorgesetzten gehören).

Wir haben bereits gehört, dass in erster Linie Menschen ausbrennen, die einst mit großem Eifer und überhöhten Erwartungen ihre Aufgaben wahrgenommen haben. Wenn diese nun in einigen Amtsstuben, öffentlichen Dienststellen, Verbandsbüros und Unternehmen bereits durch eine schlechte Ausstattung in ihrem Entfaltungsdrang gebremst werden, verkümmert die Motivation recht bald. Wo die Aktenberge sich in einem Wirrwarr türmen, bleibt die Arbeitslust auf der Strecke. Eine mangelhafte Technik, Elektronik und Telekommunikation kann genauso aufreiben wie die unzureichende Bestuhlung, Beleuchtung oder Klimatisierung.

Ein Zahnarzt entdeckte auf einem Burnout-Seminar, dass er sich trotz baulicher Möglichkeiten bislang keinerlei ruhigen Raum in seiner Praxis gegönnt hatte, in den er sich ohne Störungen hätte zurückziehen können. Einer Leiterin einer Kindertagesstätte wurde bewusst, dass sie ihr Zimmer von der Vorgängerin übernommen hatte, ohne auf den Gedanken zu kommen, eine persönliche Umgestaltung der Einrichtung nach Kriterien ihres persönlichen Wohlfühlens vorzunehmen.

Einen wichtigen Mitauslöser von Arbeitsstörungen wie innerliches Kündigen und Ausbrennen finden wir im Charakter typischer bürokratischer Institutionen. Besonders betroffen sind diejenigen Menschen, die ihren Beruf als engagierte Einzelfallhilfe für Personen in schwierigen Situationen vor Ort verstehen und nun im bürokratischen Sumpf der Organisation, zwischen Aktenordnern, Computer und bremsenden Verantwortlichkeitsunklarheiten versinken. Schreibtischroutine mit überformalisiertem Berichtswesen, umständliche und undurchsichtige Verantwortungs- und Führungsaufteilung sowie verwirrende hausinterne Abläufe und Änderungen jeweils gültiger Bestimmungen und Richtlinien ersticken so manches lodernde Leistungsfeuer im Keim. Wen das Gefühl beschleicht, der eigene Einsatz versickere im Gewirr der behäbigen Institution, das Engagement der Vorgesetzten beschränke sich auf deren persönliche Existenzsicherung, Vorbild- und Anleitungsfunktionen würden mangelhaft ausgeübt und man selbst sei als Zahnrädchen im Getriebe der Organisation sowieso überflüssig, der wird, falls er zum Ausgleich den Energieeinsatz hochfährt, ausbrennen oder, falls er resigniert, den Weg der inneren Kündigung wählen.

Diese Entwicklung bezeichnen wir auch als Wearout. Während die klassischen Burnout-Kandidaten wie beschrieben als sogenannte Selbstverbrenner bezeichnet werden können, die ihren eigenen Ansprüchen nie gerecht werden, also nicht „nein" zu sich selbst sagen können, kristallisierte sich hier eine Gruppe von Berufstätigen heraus, die nicht „nein" zu anderen sagen kann (nach Schaarschmidt). Man kann sie eher als „Abnutzer", als Verschleisser oder auch Abgetragene („Wearout") charakterisieren. In der Regel war ihre Jobwahl nicht von großem Enthusiasmus getragen, eher von Erwägungen des Kosten-Nutzen-Verhältnisses bzw. einfach Tradition. Sie beschreiben sich als zunehmend ausgelaugt und zermürbt von den Umständen am Arbeitsplatz und zweifeln später an ihrer Berufswahl und der eigenen Kompetenz. Während die Burnoutler sich lange durch Überengagement vehement gegen die Überforderung und eine Kurskorrektur stemmen, fehlt den Abnutzern die (Entscheidungs-)Kraft zum Gegensteuern. Im Finalstadium brennen sie nicht aus, sondern verschleißen erst unmerklich, später dramatisch.

Mitverantwortlich ist dabei oft ein Mangel an klarer und menschlicher Führung, an positiver Rückmeldung und an Wertschätzung für die geleistete Arbeit. Menschen, die sich in ihrer Einrichtung oder Firma geschätzt und angemessen belohnt fühlen, klagen in wesentlich geringerem Ausmaß über Symptome des Ausbrennens. Anerkannt zu werden, also kompetentes positives Feedback von Personen, denen man die Beurteilungskompenz zutraut, wird von engagierten Mitarbeitern oft als wichtiger erachtet als die Summe auf dem Gehaltszettel.

Eine schlechte Bezahlung allein führt übrigens nicht zu Burnout. Wenn allerdings tätigkeitsbezogene Aspekte wie Erfolg, Anerkennung, Verantwortung oder ein ersichtlicher Sinn nicht mehr gewährleistet sind oder Beförderungen und Höhergruppierungen unabhängig von erbrachten Leistungen vorgenommen werden (mangelnde Gerechtigkeit), lässt auch ein Euro-Mangel resignieren. Diejenigen, die sich weiterhin um einen hohen persönlichen Einsatz bemühen und jene, die eigentlich nur noch das Geld und vielleicht die Kollegen bei der Stange halten, leiden unter niedriger Entlohnung am meisten. Interessant ist zudem, wie der individuelle Vergleichsmaßstab angelegt wird. Nach meiner Erfahrung messen die Einzelnen ihre Entlohnung recht objektiv an Gleichgestellten und entwickeln dadurch ein ziemlich genaues Gefühl der subjektiven Relation ihres Gehaltes oder Honorars. Der Orthopäde klagt genauso wie der Sachbearbeiter einer Versicherung über die finanzielle Lage. Die Tiefe der Kluft zwischen dem eigenen Wertgefühl und der tatsächlichen Bezahlung stellt das Burnout-Risiko dar.

Institutionen, die ihren Mitarbeitern nur sehr begrenzte oder gar keine Möglichkeiten anbieten, Einfluss auf innerbetriebliche Abläufe zu nehmen beziehungsweise bei betriebsinternen Angelegenheiten mitzusprechen, tragen ebenfalls zu Unzufriedenheit und Rückzug bei. Sie untergraben eines unserer Grundbedürfnisse: das Streben nach Autonomie, das Ringen um die Kontrolle über unser Leben. Zum Glück verstehen immer mehr Firmen, dieses menschliche Potenzial zu nutzen. Sie schaffen kleine, wirkungsvolle und selbständige Arbeitseinheiten, erhöhen die Effizienz durch Stabsarbeit und Delegation und vermitteln den Menschen das Gefühl, freiwillig und selbstbestimmt zu arbeiten. Über diese „Verhältnisprävention" hinaus fördern sie eine gesunde Balance der Lebensbereiche (Familie, Hobby usw.).

Mitverantwortlich für ein Ausbrennen ist weiterhin eine belastende zwischenmenschliche Atmosphäre am Arbeitsplatz. Dazu rechne ich überholte, autoritäre oder auch lasche und desinteressierte Führungsstrukturen genauso wie mangelnde Kommunikation. Vor allem der nach unten dünner werdende Informationsfluss birgt hohe Risiken. Außerdem sorgt das bereits erwähnte Mobbing, das Intrigenschmieden im Betrieb, für dicke Luft. Gefahr droht, wenn das Firmenklima sich verschlechtert und die stabilisierende Kraft der wechselseitigen Bekräftigungen an Wirkung und Macht verliert. So wie engagierte, mit ihrem Beruf verheiratete Menschen ausbrennen, wenn die Enttäuschungen überhand nehmen, sind auch die mit ihrer Firma hochidentifizierten Personen dann gefährdet, wenn der Anerkennungs- und Erfolgsrückfluss nicht mehr stimmt.

Bekannterweise gibt es wenig, was die Arbeitslust und Initiative so blockiert wie bereits vom Ausbrennen angenagte

Kollegen, die ihre bitteren Erfahrungen väterlich-verständnisvoll weitergeben: „Sie werden auch noch die Erfahrung machen, dass Ihre Mühe völlig vergebens ist"; oder: „Mit solch blauäugigen Vorstellungen haben wir alle mal angefangen; kommen Sie mal in unsere Jahre, und Sie werden alles etwas realistischer sehen". Auf diese Weise wird die Resignation vererbt. Wir wissen, dass ohne Visionen keine Entwicklung gedeiht und dass die angeführten Aussagen weniger mit der äußeren als mit der inneren frustrierten Realität der „alten Hasen" zu tun haben.

In die gleiche Kerbe schlagen jene mit ihren so genannten „Killerphrasen". Geringschätziges Abschmettern neuer Ideen durch Bemerkungen wie: „Das haben wir immer so gemacht", „Das haben schon ganz andere versucht", „Das ist doch gar nicht genügend abgesichert" usw. unterbindet Kreativität, Engagement und Leistungsbereitschaft.

Neben anderen hier nicht weiter erörterten Aspekten sei nur noch auf die Einschränkung der anspornenden Anregungen von außen verwiesen, die ebenfalls ihren Beitrag zum Verlust der Arbeitsfreude leistet. Eine nachweislich wirksame Burnout-Vorsorge stellen Arbeitgeber dadurch zur Verfügung, indem sie durch Prämien, Reisen, Geschenke, Vergünstigungen und gemeinsame Aktivitäten fair motivieren, für angemessene Fortbildung sorgen und innerbetriebliche Coachingangebote bereitstellen. Wer hier am falschen Ende spart, darf sich über innere Kündigungen und Burnout-Folgeschäden nicht wundern.

6. Personen, die anfällig für Ausbrennen sind

Sie als Leser dieses Buches erwarten neben einem tieferen Verständnis für die Burnout-Krise vor allem konkrete Anregungen für eine Vermeidung des Ausbrennens bzw. für eine Umkehr auf einem bereits eingeschlagenen krankmachenden Weg. Nun wissen wir aus der psychologischen Forschung, dass die Bereitschaft zur eigenen Verhaltens- oder Einstellungsänderung eng damit zusammenhängt, wie wir ein Problem wahrnehmen, wie wir uns die Ursachen erklären und wie wir unsere Handlungsressourcen bewerten. So beanstandete ein Verkaufsleiter, dass er sich deshalb ausgebrannt fühle, weil seine Firma so unbeweglich sei und sein Engagement überhaupt nicht durchschlagen könne. Er kritisierte die starre Hierarchie und die Tatsache, dass Erfolge kaum gewürdigt und neue Ideen immer wieder unauffindbar versickern würden.

Dieser Mann (und übrigens auch manche seiner Kollegen) erkannte klar die institutionellen Mängel, welche die Mitarbeiter zermürbten. Das gewährte ihm einen Strauß an Handlungsmöglichkeiten wie z.B. einen Arbeitsplatzwechsel, eine gemeinsame kollegiale Initiative, aber auch eine innere Kündigung oder ein anderes Arrangement mit den Gegebenheiten.

Eine Erzieherin klagte ebenfalls über ihre Burnout-Empfindungen, nur mit dem Unterschied, dass sie die „Schuld" bei sich suchte und die eigenen Fähigkeiten in Frage stellte. „Wenn ich ganz ehrlich bin", so gestand sie mir, „bin ich eigentlich total ungeeignet für diesen Job. Während die anderen mit Elan die Gespräche mit Eltern über die Bühne bringen, denke ich oft, ‚was redest du da für ein dummes Zeug zusammen'. Und wenn meine Gesprächspartner sich nicht dankbar für mein Bemühen zeigen, sondern mich noch kritisieren, bricht für mich eine Welt zusammen. Aber ich wüsste eigentlich gar nicht, was ich sonst machen sollte. Irgendwie zieht es mich schon zu dieser Tätigkeit."

Man spürt die innere Zerrissenheit, die Selbstzweifel und Vorwürfe. Handlungsfreiheiten werden kaum erlebt, die eigene Person in Frage gestellt. Unabhängig von der äußeren Wahrheit dieses Erlebens sind solche Schilderungen Ausdruck einer inneren Realität, welche auf ein angeknackstes Selbstwertgefühl und mangelnden Mut zur Wirklichkeitsüberprüfung hinweist.

Ich habe häufig erfahren, dass Burnout-Betroffene es als erleichternd und befreiend erlebt haben, die krankmachenden Umstände am Arbeitsplatz als Auslöser ihres Befindens identifizieren zu können, und dies so manches Mal nach einer quälenden Zeit der stillen Selbstanklagen und des „Sorgenfressens". Andererseits, und darauf möchte ich besonderen Wert legen, liegt doch die größte Chance einer Wandlung und Umkehr darin, an dem Punkt anzugreifen, der ganz nahe liegt – nämlich bei sich selbst. Keinesfalls aus Schuldgefühlen heraus, sondern aufbauend auf der inneren Sicherheit und Stärke, dass man selbst etwas bewegen kann und sich auch bewegen darf.

In diesem Kapitel werden Sie mit Eigenarten, Defiziten und Lebensweisen von burnoutgefährdeten Personen konfrontiert. Auf diese Weise können Sie Vergleiche mit sich anstellen und Ihr spezielles Risiko orten. Im zweiten Teil dieses Buches können Sie dann die für Sie geeigneten und passenden Maßnahmen herausfinden und ergreifen.

Viele Merkmale, die uns Erwachsene prägen, ja, die geradezu unsere Persönlichkeit bilden, sind nach Erfahrung der tiefenpsychologisch forschenden und arbeitenden Fachleute in den ersten Lebensjahren angelegt worden. Nicht nur als Erbfaktoren, sondern vielmehr durch die Art und Weise, wie die uns am nächsten stehenden Menschen mit uns um- und auf uns eingegangen sind. Wir tragen das äußere Entwicklungsklima der frühen Kindheit ein Leben lang in uns und wiederholen daher unbewusst immer wieder frühe Erfahrungen. Leider neigen wir deshalb dazu, unser Leben nicht immer so einzurichten, wie es für uns gut wäre, sondern danach, was sich für uns vertraut anfühlt. Diese grundlegenden Erläuterungen mögen ein wenig zum Verständnis der folgenden Beschreibungen beitragen, die sich neben eigenen Erfahrungen auf Erkenntnisse des Psychotherapeuten Schmidbauer sowie der Forscher Fengler und Burisch stützen.

Die häufig als besonders burnoutgefährdet genannten Helfer z. B. waren oft recht einsame und nicht selten abgelehnte

Kinder, die selber seelisch und auch physiologisch viel zu karg genährt und gefüttert worden sind. Statt dessen mussten sie frühzeitig mehr für (kranke/behinderte) Geschwister oder Eltern sorgen; so konnten sie kaum trainieren, etwas für sich zu fordern oder sich gegen Forderungen aufzulehnen, und sie durften zu wenig fühlen und zeigen, welche Bedürfnisse sie eigentlich für sich selbst hätten erfüllt haben mögen.

Das ist der Stoff, aus dem die „Lonesome Cowboys" geschnitzt sind, ein vom Ausbrennen besonders betroffener Menschenschlag: einsam streifen sie umher, gehen am liebsten ungleiche, nichtgegenseitige Beziehungen ein (eben Helferbeziehungen) und verbergen die immense Gier, die sich sowieso nicht sättigen ließe, hinter dem Angebot, anderen zu geben, was ihnen selbst vorenthalten wurde und sie selbst eigentlich am nötigsten gebraucht hätten. Im tiefsten Innern tragen sie ein Bild erhabener Grandiosität mit sich herum, hungern nach Anerkennung und fürchten dabei, dass jemand ihre kindliche Bedürftigkeit entlarven könnte.

Burnoutgefährdet sind auch die „Perfektionisten", deren Lebensmotto lautet: „Es gibt immer noch etwas zu verbessern". Sie zeigen einen unermüdlichen Arbeitseinsatz, sprühen anfangs auch vor Energie und versuchen Krisen durch noch größeren Einsatz zu bewältigen. Sie sind in hohem Maß außengeleitet, also von Rückmeldungen anderer eher zu beeinflussen als von eigenen Empfindungen. Ihre inneren Herzensgefühle verbergen sie in der Regel unter einer Schicht von Aktivität und Betriebsamkeit. Wie in einem Laufrad fühlen sie sich getrieben, erfolgreiche Handlungsepisoden wieder und wieder zu durchlaufen, um das Gefühl zu verspüren, anerkannt und geliebt zu werden und wichtig zu sein. Denn gemocht wurden diese Menschen in der Kindheit weniger um ihrer selbst willen, sondern dafür, dass sie gute Noten nach Hause brachten, eine Ehrenurkunde im Sport erkämpften oder den elterlichen Rasen makellos mähten.

Eine weitere Eigenschaft, die ausgebrannte Menschen nicht selten als niederdrückendes Bündel aus der Kindheit mit sich schleppen, ist die „gelernte Hilflosigkeit". Der Psychologe Seligman hat Versuchsergebnisse von Tieren auf Menschen übertragen und bahnbrechende Erkenntnisse darüber gewonnen, wie wir entweder zu mutigen, zuversichtlichen und belastbaren oder aber zu verletzbaren, hilf- und hoffnungslosen Zeitgenossen erzogen werden. Ob wir schwierige Anforderungen bewältigen oder zu früh aufgeben, hängt ebenfalls mit unseren Erziehungserfahrungen zusammen. Im Tierversuch setzte Seligman Hunde in einem Käfig leichten Stromstößen aus. Nach einigen elektrischen Schlägen und verschiedenen Versuchen, irgendwie dem Schmerz zu entkommen, entdeckten die Hunde normalerweise bald die Möglichkeit, den Stromfluss durch einen Sprung über eine Barriere zu beenden. Eine Gruppe dieser Tiere war jedoch zuvor einer ähnlichen Behandlung ausgesetzt, aus der es keinerlei Entrinnen gab. Versuchstiere mit dieser Erfahrung schränkten ihre Befreiungsbemühungen auch im zweiten Durchgang (mit Fluchtmöglichkeit!) bereits nach wenigen Sekunden ein, legten sich auf den Boden und ertrugen winselnd ihr vermeintliches Schicksal.

Kinder autoritärer oder auch überbehütender Eltern haben immer wieder gehört, dass sie „es sowieso nicht schaffen", dass sie Anordnungen ohne Nachfragen zu befolgen hätten und dass „Mami es doch viel besser weiß". So verlernen diese Kinder, Problemsituationen selbständig zu bewältigen und ergeben sich, wie die Versuchshunde, fügsam in ihr Schicksal. Als Erwachsene stellt sich ihnen dann folgerichtig das Ausbrennen zwar als leidvoll, jedoch vermeintlich unabwendbar dar. Es bedarf eines fundamentalen Umlernens, damit diese Personen die Krise als eine Chance begreifen.

Wenn auch die Symptome des Ausbrennens bei verschiedenen Persönlichkeiten unterschiedlich sind, so ist ihnen doch ein Merkmal gemein: burnoutgefährdete Menschen leben in einer Inkongruenz. Das, was sie sind, deckt sich nicht mit dem, was sie sein möchten oder zu sein glauben. Diese Individuen tragen ein Bild von sich zur Schau, ein Image, das nicht dem wahren inneren Selbst entspricht. Wie viele „kundenorientierte" Tätigkeiten genau dies heutzutage erfordern! Allein eine solche ständige Anstrengung (und Selbstverleugnung) trägt dazu bei, dass die Betroffenen nach etlichen Jahren auszubrennen beginnen. Da es ganz ohne diese „Fassade" nicht geht, sind übrigens auch die Unternehmen angehalten, durch entsprechende entlastende Maßnahmen gegenzusteuern.

Im Folgenden seien noch einige typische Merkmale gefährdeter Menschen aufgezeigt, die allerdings auch im Zusammenhang mit anderen seelischen und körperlichen Beeinträchtigungen einhergehen. Allgemein gilt: Personen, die zu Ängstlichkeit neigen, sind anfälliger als Mutige; ein geringes Selbstwertgefühl stellt ein größeres Risiko dar als eine Bewusstheit des Wertvollseins; wer den eigenen Lebensweg konsequent nach selbstgesetzten Maßstäben beschreitet, ist eher gefeit als derjenige, der sich leicht irritieren und vom Wege abbringen lässt; und schließlich trifft es auch hier wieder eher die Besorgten und zu Depressionen Neigenden als die positiv Denkenden.

Burnout-Persönlichkeiten haben Schwierigkeiten, auf einer Erwachsenen-Ebene gesunde und reife Kompromisse zu schließen. Entweder muss es nach ihrem Gusto gehen oder sie geben anderen nach (statt erwachsen zu verhandeln). Sie idealisieren ihren Job (meine Arbeit ist mein Leben) und hegen höchste Kompetenzerwartungen an sich selbst. Oft findet sich ein tiefsitzendes Negativ-Bild über ihre Mitmenschen und verdrängte aggressive Gefühle jenen gegenüber, für die sie sich so vehement einsetzen. Nicht selten wird eine Tendenz zur Rücksichtslosigkeit durch Freundlichkeit und Sanftmut kaschiert.

Besonders bitter mutet die Erkenntnis an, dass Burnoutler oft unbeirrbar wie die Lemminge ohne rechtzeitigen Halt oder gar Umkehr durch die beschriebenen Phasen hindurch in ihr Verderben treiben. Auf der Suche nach verstehbaren

Erklärungen treffen wir hier exemplarisch erneut auf zwei der oben genannten Persönlichkeiten: die „Lonesome Cowboys“ z. B. haben eine extrem hohe Schwelle der Bereitschaft, Hilfe einzufordern und anzunehmen und die „Perfektionisten“ hindert ihr kaum verrückbarer rigider Lebensplan, der lediglich nach dem Motto „mehr desselben“ verfeinert und effizienter gemacht wird.

Burnout-Bedingungen verstehen und Wege aus der Krise finden

A. Die Chance einer Krise

7. Lebenskrisen

Es gibt immer einen Weg!
Lebensmotto der Zuversichtlichen

In der Teamsitzung war man sich über den Zustand der bereits zum dritten Mal in diesem Monat abwesenden Kollegin einig: „Die steckt ja ganz schön in der Krise!" Irgendwie spürten die Mitarbeiter, dass bei ihr etwas aus dem Lot geraten war, dass sich etwas zuspitzte. In den vergangenen Wochen ließ sie sich wiederholt verleugnen oder entschuldigen. Ihre abnehmende Belastbarkeit und etliche Fehltage waren Warnzeichen für die Mitarbeiter. Es lief alles nicht mehr so wie früher.

Obwohl häufig schon lange zu ahnen und vorhersehbar, nicht selten für andere deutlicher als für sich selbst – allerdings habe ich den umgekehrten Fall auch schon erlebt – treffen Krisen einen Menschen in seinem Leben letztlich recht abrupt. Häufig nimmt man den ersten Vorboten der Krise als Auslöser noch gar nicht recht ernst. Eine berufliche Veränderung (oder das Ausbleiben einer erwarteten Veränderung) bildet oft den Anfang; es folgt eine möglicherweise ausgedehnte Zeit der schleichenden Weiterentwicklung, bis man dann plötzlich gewahr wird, dass man einen bedeutungsvollen Lebensbereich nicht mehr mit eigenen Bordmitteln bewältigen kann. Man fühlt sich in seinen Fähigkeiten und Kompetenzen, das Leben selbst gestalten zu können, erheblich beeinträchtigt. Da für uns das Empfinden, das eigene Leben kontrollieren zu können, außerordentlich wichtig ist, löst dieses Verlustgefühl in vielen Fällen eine Identitätskrise aus. Wir sind gefährdet, mit Angst oder sogar Panik zu reagieren, mit entweder ungestümem Aktionismus oder resignativem Rückzug.

Wir kommen nicht umhin, zuzugestehen, dass es möglicherweise Personen gibt, die ihr Leben ohne spürbare Krisen meistern. Diese Lebenskünstler verfügen auch ohne ein Burnout-Buch über einen gesunden inneren Führer durch das Dasein. Auf diejenigen, die sich bereits durch so manche Umbrüche des Lebens gekämpft haben, wirkt es dagegen meist entlastend, zu erfahren, dass Krisen etwas Selbstverständliches sind. Sie gehören zum Leben – viele behaupten sogar, dass ohne sie Fortschritt und Entwicklung unmöglich wären. Krisen stellen für uns Lebensweggabelungen dar, an denen sich entscheidet, ob man stehen bleibt oder gar den Rückzug antritt oder ob man eine neue Stufe der persönlichen Reifung und Entfaltung erklimmt. Krisen sind nicht nur dafür geschaffen, dass man „hindurch muss". Sie bieten sich uns als Chance an, innezuhalten, die festgefahrene Situation ernsthaft ins Visier zu nehmen, und sie so zu nutzen, dass man daraus sogar lernen kann. Im Griechischen, auf das die Herkunft des Wortes zurückgeht, finden wir dann auch für „Krise" die Bedeutungen „Sichtung" und „Entscheidung".

Krisen entwickeln sich auf vielfältige Weise und erstrecken sich auf alle Lebensbereiche. Kast nennt hier besonders die Krisen, die mit der menschlichen (Alters-)Entwicklung verbunden sind wie beispielsweise die Pubertät, die Krise der Lebensmitte und das Alter. Darüber hinaus führt sie die Krisen an, die aus Anforderungen, denen wir uns nicht gewachsen fühlen, entstehen. Und schließlich betont sie noch diejenigen, die wir durch Verluste und Trennungen erleiden. Aus den Schilderungen Burnout-Kriselnder nun ist regelmäßig zu entnehmen, dass sie sich in allen drei genannten Bereichen geschädigt und beeinträchtigt fühlen. Der Verlust des Partners, einer Aufstiegschance oder eines Ideals können Initialzündungen auf der Abstiegsleiter des Ausbrennens sein. Sich den Anforderungen des beruflichen Alltages, aber auch der eigenen Ansprüche nicht mehr gewachsen zu fühlen, sind typische Begleitsymptome der Überdrussentwicklung. Und vor allem stellt sich, wie wir im folgenden Kapitel noch eingehender ansprechen werden, die Burnout-Problematik für die Mehrheit als eine Krise der Lebensmitte dar.

Diejenige Altersentwicklungskrise, die zeitlich mit den Symptomen des Ausbrennens einhergeht und in der uns die Sinnfrage unseres beruflichen Handelns am nachhaltigsten beschäftigt, ist die sogenannte Midlife Crisis. Auch wenn es diese dem aktuellen Forschungsstand entsprechend so eigentlich nicht gibt, zeigt doch die Lebensmitte typische Spannungsmerkmale. Trotz der Tests und Befragungen, die bereits bei z.B. angehenden Pädagogen und Ärzten in der postgraduierten-Phase Besorgnis erregende Symptome des Ausgebranntseins ergaben, spricht doch vieles dafür, die Burnout-Krise meist als eine Erschütterung in der Zeit der Lebensmitte zu verstehen, die besonders vehement den Tätigkeitsbereich untergräbt. Dieser Zusammenhang legt nahe, den Midlife-Abschnitt auf seine Verbindungen zum Ausbrennen hin genauer unter die Lupe zu nehmen.

8. Das Krisengeschehen der Lebensmitte und das Ausbrennen

In der ersten Hälfte des vergangenen Jahrhunderts ging man von der Vorstellung aus, die wesentlichen Entwicklungskrisen fänden in der Kindheit statt. Später entdeckte die Forschung auch noch die kritische Jugendzeit und das Alter als markante Phasen menschlicher Umbrüche. Die dazwischen liegenden 30 bis 40 Jahre des „normalen" Erwachsenen-Daseins erfuhren nur recht wenig Beachtung. Forscher ließen diese Zeitspanne lange unbeachtet in den Schubladen ihres Interesses vermodern. Der gesellschaftlich und psychologisch vorbestimmte Lebensverlauf versprach diesbezüglich recht wenig Sensationelles. Der Mann hatte zu heiraten, sorgte für den Lebensunterhalt der Familie und schmiedete seine Karriere. Die Frau war nach der Hochzeit für den Haushalt zuständig, gebar die Kinder und zog sie auf. Für Wissenschaftler und Praktiker galt das Erwachsenenalter als eine Zeit der Beruhigung, der Niederlassung, des Sich-Etablierens und Reifens nach dem ausgelassenen Experimentieren in Kindheit und Jugend. Der zukünftige Weg war ohne großen Spielraum gebahnt.

Erst als in den fünfziger Jahren amerikanische Psychotherapeuten immer öfter bei ihren Patienten auf erhebliche Unebenheiten dieser vermeintlich selbstverständlichen Lebenslinien aufmerksam wurden, begannen auch Forscher sich mit dem Thema „Lebensmitte" und deren Krisen zu beschäftigen. Besonders die gesellschaftlichen Veränderungen bei der Rollenaufteilung der Geschlechter, in der Arbeit und bei den Gestaltungsmöglichkeiten der Freizeit führten zu offensichtlichen Traditionsbrüchen und Befreiungsaktionen, aber auch zu Depressionen. Um die Jahrtausendwende kamen weitere dramatische Entwicklungen wie fortschreitender grundsätzlicher Wertewandel, wirtschaftliche Krisen, zunehmende Arbeitslosigkeit, Pleiten und immer mehr Lebensabschnitts-Partnerschaften sowie -Jobs hinzu. Die dadurch zunehmenden Krisen der Menschen auf der Höhe ihrer Schaffenskraft fanden enorme publizistische Beachtung.

In den vergangenen Jahren haben sich die Hinweise gemehrt, dass die Problemphase der Erwachsenen, die früher Midlife Crisis genannt wurde, auch ein Warnsignal für ein fortgeschrittenes Stadium des Ausbrennens darstellt. Damit Sie auch den Lebenskrisen-Anteil beim Burnout-Management auf gesunde Weise bewältigen können, möchte ich Ihnen in diesem Kapitel durch Informationen und Denkanstöße zu diesem Thema Mut machen. Für viele bedeutet das Krisenempfinden, welches oft zwischen dem vierzigsten und fünfzigsten Lebensjahr, neuerdings auch schon in den Dreißigern, in unser Leben tritt, vorrangig die Frage nach einer gesunden Balance und vor allem dem Sinn im eigenen Leben. Dann, wenn statistisch gesehen über 50 Prozent des irdischen Daseins hinter einem liegen, wird Bilanz gezogen. Dabei wird das Leben häufig psychologisch in den vergangenen Hauptteil und den vor sich liegenden Rest aufgeteilt. Das Gefühl der immer rascher verrinnenden Zeit macht sich breit. Oft geht der Krise eine erlebte Periode der Stagnation voran. Man fühlt sich wie der Hamster im Laufrad: Trotz unruhiger und teils hektisch-aktiver Bewegung kommt man nicht mehr so voran wie früher.

Die körperliche Leistungsfähigkeit zeigt deutliche Einbußen. Wir brauchen länger, um uns nach Anstrengungen zu regenerieren, Übergewicht loszuwerden und uns auf neue Situationen einzustellen. Sehkraft, Falten und Zustand der Haare geben uns unübersehbare Hinweise auf die Wahrheit des beginnenden und nicht umkehrbaren Alterungsprozesses. Im seelischen Bereich verspüren wir mehr Unzufriedenheit, Verletzlichkeit, Leere und Depressivität. Die Fragen zur eigenen Situation betreffen die Vergangenheit („Habe ich das Richtige gemacht?", „Was hätte ich anderes tun können?", „War es das schon?") und die Zukunft („Soll ich mich abfinden?", „Lohnt es noch, etwas Neues zu beginnen?", „Habe ich noch Ziele?").

In dieser Periode der grundsätzlichen Überlegungen, die die eigene Person, den näheren (familiären und Freundes-) Kreis und das Leben an sich betreffen, rückt auch die Neubewertung der beruflichen Karriere in den Vordergrund. Eine Hausfrau und Mutter mag nach Auszug der Kinder beispielsweise entdecken, dass sie stärker werdende Wünsche und Neigungen für eine berufliche Tätigkeit jetzt in die Tat umsetzen und mehr Autonomie erwerben möchte. Ihre berufstätige Freundin könnte nach erfüllender Karriere einen nachhaltigen Kinderwunsch spüren. Der Ehemann der Hausfrau muss möglicherweise verbittert erkennen, dass seine beruflichen Träume trotz engagierten Einsatzes für die Firma nie in Erfüllung gehen werden. Dessen Kollege wiederum entdeckt vielleicht sein Ruhebedürfnis, die Freude an den Kindern und die Lust am Kochen. Und noch eine weitere Person hat beruflich alles erreicht. Sie hat Kind und Eigenheim, füllt eine verantwortungsvolle Leitungsstelle aus und ist geachtet und anerkannt. Und dennoch schleicht sich die nagende Frage ein: War es das? Ist es das? Was soll nun noch kommen?"

Die lebenslange menschliche Entwicklung verläuft nicht gradlinig, sondern vollzieht sich stufenweise. Bis wir eine Veränderung mehr oder weniger heftig zu spüren bekommen, ist immer eine gewisse Zeit des unmerklichen Heranreifens bis zur vollen Entfaltung auf dieser neuen Ebene vergangen. Wir erleben diesen Abschnitt eher als ruhig und kontinuierlich. Das Erkennen trifft uns dann umso stärker als Schock, je mehr wir all die kleinen Signale des Zusteuerns auf ein neues Entwicklungsniveau ignoriert haben. Wer die eigenen Gefühlsantennen hin und wieder nach innen richtet, hat die Chance, sich anhand der leisen Vorboten auf die Wucht der neuen Entwicklungsstufe vorzubereiten.

Wer das Älterwerden, die Endlichkeit des Daseins und die fortschreitende Entwicklung akzeptiert, sich damit beschäftigt und Frieden mit diesen Naturgesetzen schließt, vermeidet, dass er irgendwann einmal vom Wandel am Arbeitsplatz, von Veränderungen des Partners und der Kinder und vom eigenen Älterwerden erwischt wird und nur noch einen Scherbenhaufen vorfindet. Im unvorbereiteten Zustand und noch immer den Mythen der Jugend und des jungen Erwachsenenalters anhaftend, erleben wir das Überschreiten der Lebensmitte als bedrohlich und ängstigend. Wehmütig trauert der Kriselnde den verpassten Chancen nach. Verständlich all die Versuche, dahinschwindendes Terrain zurückzugewinnen. Trotz der Renommee-Karriere der neuen Methusalems bemühen wir uns, mit kleinen Liftings bis hin zu umfassenden Schönheitsoperationen, teuren Cremes und wahnwitzigen Workouts das Unvermeidliche hinauszuzögern. Zumindest verwenden wir vermehrt Kosmetika und Lebensmittel, die „Fitness", „Wellness" oder Balance" heißen. Dennoch spürt man, dass die überschäumenden Kräfte für die beruflichen

Ziele nachlassen, dass der engagierte bis blinde Eifer realistischen Einschätzungen weicht und der Körper, die Familie und die Vereinskameraden mehr Pflege und Rücksicht als bisher bedürfen. Wer hier nicht frühzeitig mittels einer Zielkorrektur gegensteuert, gerät hoffnungslos ins Trudeln.

In dieser Bredouille geraten die Möglichkeiten und Fähigkeiten dieses vor uns liegenden umfassenden und gewichtigen Abschnitts unserer Existenz viel zu leicht ins Hintertreffen. Wenn wir nach vorn, in unsere Zukunft schauen, beschert uns die Lebensmitte alterstypische Stärken und nutzbare Eigenschaften zuhauf, auf die ich mit Ernst und anderen Midlife-Autoren hinweisen möchte.

In der Lebensmitte verfügen wir über eine größere Routine beim Bewältigen unserer Alltagsgeschäfte und haben hierfür einen Schatz an (Lebens-)Erfahrungen angesammelt. Dessen bewusst können wir mehr Stabilität und Kompetenz auf unsere Umwelt ausstrahlen und uns souveräner und abgeklärter fühlen. Wir verlassen mehr und mehr die Rolle des Fragenden und Suchenden, um fundierter und glaubhafter als Befragte und Aufgesuchte in Anspruch genommen zu werden. Selbst Unternehmen suchen – vermeintlich ein Anachronismus, beim zweiten Hinschauen hingegen sinnvoll und hochaktuell – vermehrt gestandene und erfahrene Mitarbeiter (und im Familienmanagement erfolgreiche Frauen!). Können diese doch dem Betrieb all die hier geschilderten Kompetenzen zur Verfügung stellen, die im Zuge des Jugendwahns zunehmend Mangelware geworden waren. Wenn es auch noch nicht die Weisheit des Alters ist, so gehört dem Mittelalter in der Regel der Blick für das Wesentliche; die Fähigkeit der ganzheitlichen Betrachtung quasi von der erhabenen Position eines Feldherrenhügels aus. Hoffentlich freier von eitlem, egozentrischem Streben als zu Beginn der beruflichen Tätigkeit und in der Lage, die eigene Wichtigkeit zu relativieren, bewahren Menschen dieses Alters hierbei die Aura der natürlichen Autorität statt arrogant und autoritär zu wirken. Auch die mit dem Älterwerden wachsende Eigenständigkeit bezüglich der Normen, Werte und Moralbegriffe schafft Luft und Raum, sich von Meinungen anderer unabhängiger zu machen, sozialem Druck eher widerstehen zu können und sich von Konventionen zu befreien. Der Gefahr der Engstirnigkeit steht die Chance der Toleranz gegenüber. Statt des Zynismus der Ausgebrannten kann der wohlwollende Humor der Lebensfreudigen diese Phase würzen. Jetzt, da die inneren prägenden Stimmen der Eltern und Lehrer dem eigenen Urteil weichen, entsteht Platz für selbstdenkende und selbsthandelnde mündige Individuen.

In diesem Entwicklungsabschnitt wandeln sich die Fähigkeiten: an die Stelle strenger und gradliniger Leistung tritt erhöhte Kreativität, die energetische Hektik des Aufbaus wird ersetzt durch ökonomische Gelassenheit, bei der die Güte und Qualität der Leistung erhalten bleiben kann. Der Blick wird dabei häufiger über den Wegesrand hinaus gerichtet – die Ressourcen für andere Ausdrucksformen dessen, was uns innerlich bewegt, erfahren eine Stärkung. Viele Menschen beginnen mit Malen, Schreiben, Musizieren oder entdecken bei sich andere künstlerische Adern. Personen in der Lebensmitte sind oft fasziniert von Kultur und Reisen und entwickeln nicht selten interessante Nischen eines neuen Expertentums.

Vergleichen wir den beruflichen Werdegang mit den Erfahrungen einer Bergbesteigung. Ausgeruht, voller Energie und Reserven beginnt man mit der Bezwingung. Einige sind ausschließlich von der Bestimmung beseelt, den Gipfel auf dem kürzesten Weg und schnellsten Weg zu erreichen. Für andere ist der Weg das Ziel. Sie lassen sich mehr Zeit und genießen die Natur. Die Wahrscheinlichkeit anzukommen, ist für erstere größer; jedoch auch die Gefahr, dann oben zu sitzen und zu fragen: „Was nun?“ Wer das Ziel klar vor Augen, die einzelnen Wegstrecken gut vorgeplant und eingeteilt hat und im Einklang mit den eigenen Kraftressourcen statt mit der Uhr oder dem Tempo anderer marschiert, wird wohlbehalten die Bergspitze erklimmen. Nach den Strapazen des Aufstiegs oben angelangt, kann es genussvoll sein, sich in dem Gefühl der Souveränität zu sonnen. Manche Leistungssüchtige vermögen dagegen nur an den nächsten Aufstieg zu denken, manche Krisengeschüttelte können sich nur fragen: „Was bedeutet das schon, dafür die ganze Anstrengung, kann es jetzt nicht nur noch bergab gehen?"

Dabei liegt im übertragenen Sinne „hier oben" die große Chance, sich entspannt zu erholen, den Blick weit schweifen zu lassen, das Erreichte auszukosten sowie die Luft und die Sonne zu genießen. Lässt man diese Atmosphäre bewusst auf sich wirken, kann in einer Art Zwischenbilanz ein neues Ziel entstehen, dem man sich lustvoll zuwenden möchte. Solche neuen Ziele bringen frische Energie. Ein Leistungsautomatismus hingegen („es gibt immer noch einen weiteren Berg") reibt auf und macht auf Dauer krank. Das gleiche gilt für die Einstellung: „Nun kommt nur noch der Abstieg, und das öde Tal erwartet mich."

Die Zeit der reiferen Lebensmitte birgt noch eine weitere Veränderung, die es zu nutzen gilt. Die vorangegangenen Jahrzehnte haben in der Regel den Mann und die Frau den vielfältigen Prüfungen des Schicksals unterzogen. Trennungen, der Tod Angehöriger, Krankheiten, unfreiwillige Ortswechsel, Kündigungen und ähnliche einschneidende Lebensereignisse im Umfeld sind durchlebt. Man hat gelernt, dass unter die Haut gehende schmerzliche Erfahrungen auch die Widerstandskraft erhöhen und dass man trotz oder gerade wegen der Narben an die eigene Robustheit und diejenige anderer Menschen glauben kann. So hat man sich seinen Platz im äußeren Leben erobert und eine gewisse Ruhe gefunden.

Diese Zeit bietet sich idealerweise dazu an, die Suche nach dem inneren Platz zu forcieren und der Frage nach dem Sinn des eigenen Daseins Raum zu geben. Über sich und die Welt zu reflektieren muss ja nicht krankmachendes Grübeln, deprimiertes Bilanzieren oder spinnertes Abheben bedeuten. Gerade für ein verständnisvolles Umgehen mit der persönlichen Lebenskarriere und für ein angemessenes Ausrichten der Kraft auf neue Ziele ist es unabdingbar, Selbsterkenntnis zu pflegen und die Motive der eigenen Strebungen, die bisher eher unterdrückten Wünschen und Fähigkeiten aufzuspüren, um die folgenden Lebensstadien authentisch und im Einklang mit der eigenen Persönlichkeit zu gestalten. Daher kommt uns die Tatsache entgegen, dass wir mit zunehmendem Alter eher innengeleitet sind, eine erhöhte Fähigkeit zur Innenschau besitzen und reflexiver denken. In der Zeit der Balance zwischen der stürmischen Jugend und dem weisen und gesetzten Alter können wir vermehrt im Hier-und-jetzt leben.

Wenn wir diese Entwicklung akzeptieren und für uns nutzen, steht uns ein wirkungsvolles Instrument gegen das Ausbrennen zur Verfügung. Vielleicht erklärt all dies die Ergebnisse von Umfragen, denen zufolge ältere sich im Vergleich mit jüngeren Menschen letztlich als glücklicher und zufriedener schildern.

B. Erneut entflammt für den Beruf

9. Arbeitssucht

Arbeit um der Arbeit willen
ist gegen die Natur.
John Locke

Sicher kennen auch Sie in Ihrem Bekanntenkreis einen Menschen wie Lothar. Er ist mir vor einigen Jahren anlässlich des Hauskaufs eines Freundes begegnet. Lothar ist 28 Jahre alt und verdient sein Geld als Immobilienmakler. Der Beruf ist für ihn kein Job, sondern Zentrum seiner gesamten Existenz. Er lebt, um zu arbeiten. Lothar hat seinen Daseinszweck mit einem klaren Ziel verbrämt, dem er alles andere unterordnet: mit 40 Jahren Millionär zu sein. Und falls er nicht vorher durch einen Herzinfarkt gestoppt wird, ist ihm die Verwirklichung dieses Traumes durchaus zuzutrauen. Lothar steht gegen sechs Uhr morgens auf; während des hektischen Frühstücks konsumiert er die Zeitung und diverse Web-News und verteilt nach Organizer-Check einige Arbeitsaufträge an seine Freundin. Per Autotelefon führt er unterwegs die ersten Verhandlungen und gibt Anweisungen für den Tag. Immerhin lenkt ihn das ein wenig von seinem Ärger über die „saublöden Schlafmützen" im morgendlichen Straßenverkehr ab. Im Büro angekommen nimmt er die anfallenden Aufgaben mit Elan; effizient und ohne Pause befindet Lothar sich in Bewegung. Er sprüht vor Ideen und treibt die Mitarbeiter ruhelos an. Er kann nicht verstehen, dass seine Angestellten nur eins nach dem anderen erledigen können, und deren Pausen und flachsige Gespräche empfindet er als körperlichen Schmerz. Seine innere Unrast verbietet ihm den Gedanken an ein ruhiges Mittagessen. Falls keine geschäftlichen Verabredungen mit diesem zu verknüpfen sind, entfällt es oder findet in Form eines Fastfood-Menüs am Schreibtisch statt. Ein immenser Kaffeekonsum hält ihn bei der Stange und hilft ihm, diesen Rhythmus bis 21 Uhr beizubehalten. Mal gegen 18 Uhr, mal nach 21 Uhr saust er mit seinem kleinen Cabrio ins Fitness-Studio. Bereitwillig und stolz erzählt er allen, wie wenig Schlaf er benötige und wie viel Spaß ihm sein Beruf bereite. Er lässt durchblicken, wie erfolgreich er auch nach Arbeitsschluss sein Leben zu gestalten vermag. Doch genau genommen ist sein Werktag nie zu Ende.

Diese besondere Spielart der Unfähigkeit, zu entspannen und zu genießen, betrifft über fünf Prozent unserer Bevölkerung – sie leiden unter „Arbeitssucht" und werden als „Workaholics" bezeichnet. Genaugenommen kennen diese Menschen doch einen einzigen Genuss – arbeiten! Und dies tun sie exzessiv, freiwillig, ausdauernd und lustvoll.

Workaholics sind diejenigen Personen, die aus eigenem Antrieb lange und hart arbeiten, und zwar nicht für andere oder auch nicht immer (berechnend) für bestimmte Ziele, sondern lediglich für sich, um der Arbeit selbst willen, für das Gefühl, etwas wegzuschaffen, zu erledigen und effizient zu sein. Ihr Lebensmotto scheint zu lauten: „Es gibt immer etwas zu tun, packen wir's an!" Sie brauchen den Druck wie eine Droge, Konkurrenz belebt sie, und berufliche Anforderungen sowie ein abzuarbeitender Schreibtisch sind die (vermeintlich) beste Therapie bei persönlichen Schwierigkeiten. Weitere Süchte wie die nach Geld oder Liebe gehen oft mit der Arbeitssucht einher. Bei einem Ehekrach geht die Workaholic als Ausweichmanöver eher ins Büro als zu Freunden, in die Kneipe oder zum Sport.

Typisch für den Arbeitssüchtigen ist auch sein Bestreben, Arbeit und Freizeit eng miteinander zu verflechten. Den Urlaub platziert er praktischerweise an den Ort einer Tagung, das Notebook steht direkt am Bett, beim Joggen (oder noch besser: beim Spielen mit dem Kind) werden per Handy die Börsenkurse gecheckt und als ausfüllendstes (und häufig einziges) Hobby wird auf Befragen die Arbeit genannt. Eine hartnäckige Erkrankung dieser Menschen kennen wir als das „Erreichbarkeitssyndrom": undenkbar auch nur ein halber Tag ohne Abfragen der E-Mails (natürlich auch im Kurzurlaub) und vor allem eine auch nur vorübergehende Trennung vom Handy. Ob im Theater oder im Seminar – das beruhigende und gleichzeitig erregende Vibrieren in der Tasche zieht die sofortige Antwort in der nächsten Pause nach sich. Immer wieder vermögen Arbeitswütige auch ohne Not ihre Partner in die Rolle des Sekretärs und Assistenten zu bugsieren. Der Kreis der Freunde wird typischerweise bald identisch mit dem der Kollegen. Die besonders Stressgefährdeten unter den Workaholics setzen sich zusätzlich unter Druck, auch gänzlich private Anlässe als Konkurrenzsituationen zu definieren und zum Austoben des Leistungsmythos zu benutzen. Sie fühlen sich angetrieben, während einer Party immer nach neuester Mode gekleidet zu sein, den letzten Schrei beim Organizer-Handy demonstrieren zu können, brillanter als andere zu parlieren oder aktueller informiert zu wirken. Der Garten soll nicht durch Nützlichkeit oder Schönheit bestechen, sondern perfekter gepflegt sein und attraktiver als der des Nachbarn oder Kollegen imponieren – und natürlich eine Aufgabe darstellen und herhalten für Arbeitstreffen im Freien.

So ungesund dies alles sich auch in der geballten Form anhören mag – so schwer gerät diesen Personen doch eine Umstellung ihrer Werte. Ihnen schlägt Anerkennung im Leben entgegen und das übertüncht ihre Gefühle für sich und ihren Körper. Obwohl sie ihren Druck manchmal als Last empfinden, können sie sich dennoch nicht dem von Kollegen neidvoll bewunderten inneren Antreiber entziehen. Und sind es nicht sogar genau die Ideale unserer modernen Gesellschaft, die diese Personen leben und vorführen? Wo wären wir denn, wenn all jene als Lebensmotto: ‚Was du heut' nicht kannst besorgen, das verschieb' getrost auf morgen!' auf ihrem Screensaver stehen hätten? Arbeitssüchtige genießen unseren Respekt und unsere Achtung. Der soziale Status der Droge Arbeit liegt erheblich über dem des Alkohols. Hinzu kommt, dass solche Menschen ja auch tatsächlich effiziente Arbeiter sind. Sie hassen jegliche Zeitverschwendung und besitzen die Fähigkeit eines hinlänglichen Zeitmanagements. Sie erledigen Aufgaben umgehend, umfassend und mit vollem Engagement. Ja, sie wirken wie die wahren Träger unseres wirtschaftlichen Fortschritts.

Doch zu welchem Preis? Die Kosten, die die Arbeitswut fordert, sind schmerzlich hoch. Es beginnt bei einem beunruhigenden Gefühl, wenn man einmal kurzzeitig nicht erreichbar ist und setzt sich bei wahrer Panik fort, falls eine gewisse Zeit lang keinerlei Nachrichten eingegangen sind. Diese Menschen haben erhebliche Schwierigkeiten, sich zu entspannen, sie drehen permanent hochtourig. Das gesamte Herz-Kreislaufsystem ist chronisch überlastet, Koronarerkrankungen sind die häufige Konsequenz. Weil sie ständig mit Erledigungen und Tätigkeiten (manchmal mehreren gleichzeitig, bekannt als „Multitasking") beschäftigt sind und mit wacher Aufmerksamkeit die Antenne nach außen gerichtet haben, verhindern sie die Möglichkeit, zu sich selbst zu kommen.

Vordergründig hat das Vorteile, denn sie laufen Gefahr, dort drinnen nur eine existentielle Leere zu entdecken. Fragen Sie einen Workaholic danach, wie es ihm geht, so wird er Ihnen nicht von seinem Befinden berichten, sondern Ihnen erzählen, was er tut.

Außerdem ist durch die enge, intensive und ausschließliche Beziehung zur Arbeit in vielen Fällen die Fähigkeit verkümmert, reiche und ausgefüllte Beziehungen zu anderen Menschen aufzunehmen oder diese aufrecht zu erhalten. Berufliche Erfolge wiederum kaschieren die Ausdünnung der sozialen Netze. So entsteht nur selten ein wirklicher Leidensdruck für die Betroffenen, geschweige die Bereitschaft, sich als krank oder gar abhängig zu bezeichnen. Wie bei sonstigen Süchten gelingt es lange, die Arbeitssucht vor sich selbst und anderen zu verbergen. Oft erwischt es einen erst dann mit dramatischer Vehemenz, wenn die Droge Arbeit durch Kündigung, Krankheit oder Pensionierung entzogen wird. „Plötzlich und unerwartet ..." lautet vielfach der letzte Kommentar.

Es gibt jedoch Hoffnung für die Arbeitssüchtigen! Vielleicht lassen sie sich einladen, vom Kuchen des Genusses und der Lebenslust zu kosten. Denn im Gegensatz zum Alkoholiker kann der Workaholiker die Fähigkeit erwerben, sich die Droge Arbeit kontrolliert zu verabreichen. Und einschlägige Erfahrungen lehren, dass Entspannung lernbar ist. Wer erst einmal gespürt hat, dass andere ihn auch ohne Vorleistungen mögen, dass Genießen ohne Angst möglich ist und man mit Partner und Freunden über vieles erleichternd reden kann, der vermag sich sicher bald einer gesteigerten Lebenslust zu erfreuen.

Auch die sorgfältige Überprüfung von Normen und Werten, die wir von unseren Eltern als Altlasten automatisch übernommen haben, führt zu einem gesünderen Leben. Möglicherweise war man schon als Kind einem Genuss- und Lust-Tabu ausgesetzt. In Verbindung mit einer früheren emotionalen Kargheit der Erziehungsatmosphäre ließ sich dieses als besonderes erstrebenswert vermitteln. Rastlos zu schaffen wurde als die erstrebenswerteste Möglichkeit herausgestellt, das Leben sinnvoll zu gestalten; unentwegte Produktivität mag der einzige Garant für liebevolle Zuwendung gewesen sein. Eine systematische Neubewertung solch irriger Glaubenssysteme kann hier bereits frischen Wind in die Persönlichkeitsentwicklung bringen.

Ich habe Ihnen eine äußerst ungesunde Spielart von Arbeit und Leistung vorgestellt. Im folgenden Kapitel möchte ich Sie nun mit dem hohen Stellenwert und der Form gesunder und kraftvoller Leistung bekannt machen.

10. Der gesunde Umgang mit Leistung und Erfolg

Das Thema Arbeit und Leistung bildet im Licht der Forschung einen facettenreichen Komplex. Zunehmend weniger Menschen fühlen sich in der realen deutschen Arbeitswelt wohl, die Bereitschaft, sich für ihr Unternehmen reinzuhängen, sinkt permanent. Nur noch 12% geben ein hohes Engagement für ihren Betrieb an, 70% machen Dienst nach Vorschrift und 18% gar haben innerlich bereits so gut wie gekündigt (Gallup-Umfrage, Focus Februar 2004). Auf der anderen Seite erbringen Befragungen seit vielen Jahren immer wieder, dass Menschen arbeiten wollen und dass die Freude an Geleistetem als ein wesentlicher Bestandteil eines erfüllten Lebens betrachtet wird. Sie möchten Energie in das Erreichen weitreichender beruflicher Ziele investieren und Erfolge auskosten. Laut einer Umfrage (Emnid/Gewis-Institut 2004) stimmen 69% dieser Aussage zu! Fast 70% wollen also, aber nur noch 12% tun es auch tatsächlich.

Der Stressforscher Selye schlägt vor, unsere Gattung nicht homo sapiens, sondern Homo faber (also „der schaffende Mensch") zu nennen. Arbeit stellt auch für ihn ein Grundbedürfnis des Menschen, eine biologische Notwendigkeit für regelmäßiges geistiges und körperliches Training dar.

Viele Menschen vermögen den Wert der Arbeit erst zu ermessen, wenn diese ihnen nicht mehr zur Verfügung steht. Wer gegen den eigenen Willen über längere Zeit die Arbeitslosigkeit ertragen muss, erlebt sich oft grundsätzlich entwurzelt, nichtsnutzig und wertlos. Manchem wird dann bewusst, dass eine Aufgabe notwendiger als Geld sein kann. Auch das hohe Erkrankungs- und Sterberisiko von „frischgebackenen" Rentnern und Pensionären hängt mit deren plötzlichem Gefühl der Nutzlosigkeit zusammen; besonders dann, wenn die frühere Tätigkeit ein tragender Pfeiler im Leben dieser Personen gewesen ist. Für die große Mehrheit von langjährig Inhaftierten bildet der Vorzug, Arbeit zu haben, häufig die einzige Brücke zum Gefühl der Normalität. Und sicher hat es unter anderem auch diesen guten Grund, wenn in psychosomatischen Fachkliniken der Beschäftigungstherapie ein großes Gewicht beigemessen wird.

Befragt man Menschen, die ein hohes Alter relativ gesund erreicht haben, nach deren „Geheimrezept", so wird man in der Regel neben individuellen Grundsätzen und Erfahrungen ausgefüllte harte Arbeit als einen wichtigen Bestandteil des Lebens genannt bekommen. Psychisch gefährdet sind eher diejenigen Personen, die nichts haben, wofür sie sich richtig begeistern können, die keinen Tätigkeitsbereich entdecken, zu dem sie richtig Lust haben. Wer Arbeit hat, wer eine Arbeit hat, die einen ausfüllt, wer einen Beruf hat, den er ausfüllen kann und wer dazu noch Erfolg und Ansehen genießen kann, der ist wahrlich glücklich zu schätzen.

Allerdings müssen hier zwei gewichtige Anmerkungen gemacht werden. Zum einen darf Arbeit wie beim Workaholic nie zum Selbstzweck werden, weil dadurch aus Arbeitslust und Arbeitsfreude schnell Arbeitswut und Arbeitssucht wird. Zum anderen kann nach Opaschowski und Seiwert die gesunde Leistungspersönlichkeit dadurch gekennzeichnet werden, dass sie in der Lage ist, eine Balance zwischen Arbeit und Privatleben zu etablieren; sie gönnt sich ein sinnvolles und ausgewogenes Verhältnis von Leistung und Lebensgenuss.

Auch der Sozialpsychologe Brim findet in seinen Forschungsergebnissen bestätigt, dass Menschen gefordert werden wollen. Als weiteres Merkmal einer gesunden Leistungsbereitschaft identifiziert er die Möglichkeit, die Arbeit selbständig (mit) zu gestalten. Gerade die selbstbestimmte Leistung erweist sich als ein die Gesundheit fördernder und das Leben verlängernder Faktor. Das bewahrt allerdings in keiner Weise den niedergelassenen Zahn- oder Kinderarzt, den selbständigen Malermeister, den Anwalt oder Webdesigner in eigenem Büro vor den Risiken des Ausbrennens. Denn auch hier, wie beim Stressgeschehen, gilt, dass das Gefühl, die subjektive Vorstellung, frei und selbständig zu Werke gehen zu können, ausschlaggebender ist als die für Außenstehende wahrzunehmende Situation. Gerade freiberuflich Tätige unterliegen vielen tatsächlichen (Kammerbeschränkungen, gesetzliche Behinderungen, steuerliche Grenzen, Verschuldung, Altersversorgung usw.) sowie hausgemachten Unfreiheiten (Abhängigkeit von Kunden/Klienten/Patienten, vermeintlich notwendige ständige Erreichbarkeit, verschiedene Ansprüche, unzulängliche Büro-Organisation, Verarmungswahn usw.).

Ausgeglichen und zufrieden zu arbeiten beruht also auf Herausforderung und Selbständigkeit. So wachsen Menschen, entwickeln ihre Fähigkeiten und testen ihre Grenzen. Eltern und Kinderpsychologen beobachten diese natürlichen Phänomene bereits in den ersten Lebensjahren von Kindern. Nun werden einige vielleicht einwenden, in ihrem Bekanntenkreis gäbe es Personen, die trotz fremdbestimmter und anregungsarmer Beschäftigung recht glücklich und zufrieden seien. Zum einen schlage ich vor, dies einmal durch ehrliches Befragen zu überprüfen; viele Unzufriedene halten nämlich ein solches Bild sowohl vor anderen als auch vor sich selbst aufrecht, da die Wahrheit sie in tiefe Konflikte stürzen würde. Zum Anderen kann die Stimmigkeit des Eindrucks dadurch erklärbar sein, dass Ihre Bekannten sich andere Lebensbereiche erschlossen haben, in denen sie eben genau diese wichtigen Säulen des Lebens vorfinden. Sowohl ein Verein, eine sportliche oder kulturelle Betätigung, ein Hobby als auch der Haushalt mögen dazu dienen.

Am Arbeitsplatz auszubrennen, verursacht durch die dort herrschenden Bedingungen, hängt häufig damit zusammen, dass Inhaber, Entscheider und Vorgesetzte auch heute noch zu oft versäumen, die Potenziale ihrer Mitarbeiter durch Delegation von Verantwortung, durch Schaffen eines angemessenen Forderungs- und Anregungsgehaltes sowie durch Gewähren einer selbstbestimmten Arbeitseinteilung optimal zu nutzen. Die vorhandenen Motivationsressourcen könnten für alle wesentlich gewinnbringender kanalisiert werden. Nicht selten also ist das Ausbrennen eines Kollegen hausgemacht. Hier liegt sicherlich auch die Erklärung für die Ergebnisse der Gallup-Umfrage. Wie wir heute schlüssig wissen, muss die häufig gestellte Chef-Frage: „Wie kann ich meine Mitarbeiter besser motivieren?" umgewandelt werden in die Erkundung: „Wie kann ich Demotivation der Arbeitslust in der Belegschaft, verursacht durch untaugliches Führungsverhalten und „kränkendes" Betriebsklima, unterbinden?"!

Doch vom Betrieb zurück zu Ihnen. Denn wir möchten ja vermeiden, dass Sie gänzlich in Lethargie verfallen („daran kann ich ja nichts ändern") oder sich in Rachegelüsten sonnen („das geschieht der Firma ganz recht, wenn ich nur Dienst nach Vorschrift mache"). Was einem die Freude an energievoller Leistung gehörig verhageln kann, sind eigene unrealistische Ansprüche. Gerade Berufstätige, die immer wieder in Stress geraten, die das Gefühl nicht loswerden, nur mit riesigem Aufwand zum Ziel zu gelangen und die auf Misserfolg programmiert sind, schleppen nicht selten extrem überzogene Glaubenssätze mit sich herum. „Ich muss es allen Recht machen" ist z. B. eine solche auszehrende Maxime. Oder „Ich muss immer perfekte Leistung abliefern". Weitere, so manchem vertraute Spielarten, sich das Leben zur Hölle zu machen, lauten: „Es muss ganz schnell gehen", „Am besten, ich mache alles allein", „Ich muss alles im Griff behalten". Mit dermaßen in die Wolken ragenden Ansprüchen müssen sie unweigerlich in Konflikte geraten. Da Burnout-Kandidaten nur extrem widerwillig an der allgemein gültigen Verbindlichkeit dieser Ziele zu rütteln bereit sind, bleibt diesen Menschen oft nichts anderes übrig, als an sich selbst zu (ver)zweifeln und sich als gesamte Person abzuwerten.

Die Glut bewahrt derjenige, der sich bei der Schwierigkeit, die er als nächste bewältigen möchte, immer an den bisher gelösten Aufgaben orientiert. Das neue Projekt sollte im optimalen Fall geringfügig über dem Niveau des vorangegangenen Vorhabens liegen. Wie beim Hochsprung wird man sich nicht an einer Wunschhöhe versuchen, sondern die Latte der Leistung Zentimeter für Zentimeter nach Erfolgen erhöhen. Ansprüche sollten also nicht starr, sondern flexibel gehandhabt werden. Es ist eine Gratwanderung, ein Balanceakt zwischen Unterforderung, Gleichförmigkeit und überzogenen Maßstäben einerseits und einer gesunden, schrittweisen Anpassung andererseits.

Vielleicht haben Sie bei den weiter oben aufgeführten beispielhaften Ansprüchen eine interessante aber verhängnisvolle Gemeinsamkeit entdeckt. Ich meine das Wort „muss". Hören Sie einmal aufmerksam sich selbst und Ihren Freunden und Kollegen zu. Sie werden erstaunt, ja möglicherweise gar entsetzt sein, wie häufig und mit welcher Selbstverständlichkeit diese Redewendung zur Rechtfertigung vermeintlich unabwendbarer Erledigungen gebraucht wird. Sogar angenehme und friedvolle Tätigkeiten „müssen" geschafft werden: „Wir müssen heute rechtzeitig aufhören, denn ich muss pünktlich im Konzert sein"; oder: „In der Pause muss ich zur Massage". Schlimm wird es, wenn man sich bei persönlichen Wachstumsprojekten unter Druck setzt: „Ich muss mich entspannen", „Ich muss 'mal nein sagen"; „Ich muss in Urlaub"; „Ich muss mit Fehlern leben lernen" usw.

Gut, vieles muss erledigt werden. Die Kinder müssen zur Schule oder zum Sportverein gebracht und der Auftrag muss ausgeführt werden. Die Präsentation muss vorbereitet und die Dokumentation erstellt werden. Betrifft es jedoch ganz persönliche Belange, sollten Sie prüfen, ob Sie sich nicht vielmehr etwas erlauben können, etwas dürfen oder etwas verdient haben. Hören Sie, wie es klingt, und spüren Sie, wie es sich anfühlt zu sagen: „Ich darf Fehler machen"; „Ich habe das Recht, nein zu sagen"; „Ich gönne mir eine Entspannungsmassage".

Einer der ärgsten Feinde gesunder Schaffenskraft ist der Perfektionsmythos. Wer immer alles hundertprozentig erledigen und ohne Fehler abliefern will, geht ein hohes Burnout-Risiko ein – ganz zu schweigen von dem Zeitverlust; denn die letzten 10% Ergebnis erfordern 50% des gesamten Aufwandes. Selbstverständlich fordern außergewöhnliche Berufe und Tätigkeitsmomente einen totalen Einsatz und absolute Präsenz. Wir wünschen uns diese Aufmerksamkeit von den Fluglotsen; viele wissen um die Notwendigkeit höchster Geistesgegenwart in brisanten Verhandlungsphasen; wir denken an Höchstleistungen der Chirurgen und Spitzensportler – aber seien wir ehrlich: als prinzipielles Lebensmotto, meist auch noch in das Privatleben transportiert, reibt eine solche Einstellung enorm auf. Und Hand aufs Herz: wird sie angemessen entlohnt und gewürdigt? Und wird sie Ihnen immer gedankt? Noch ein Trost zum Schluss: Fehler machen wir alle – nur mit einem wesentlichen Unterschied: kluge Leute machen immer wieder neue Fehler, Dumme immer wieder den gleichen.

Personen, die mit Leistung gesund umgehen, wahren Reserven. Sie erbringen Spitzenleistungen (notfalls sogar 150%), wenn es wirklich sinnvoll und notwendig ist. Ansonsten wissen sie, ob 60 oder 90 % zur Bewältigung einer Aufgabe angemessen sind. Sie überprüfen ihre Ansprüche regelmäßig und sorgen für eine ausgewogene Balance zwischen Fähigkeiten und Zielen, zwischen beruflichem Erfolg und familiärer Harmonie, zwischen Geld und Freizeit, zwischen körperlicher Fitness und geistiger Bildung. Sie arbeiten, um mehr Freude am Leben zu haben. Nicht in der Zukunft, sondern heute!

11. Die Zeit sinnvoll nutzen

Zeit hätte man wohl genug,
wenn man sie nur wohl anlegte.
Deutsches Sprichwort

„Mein Stress wäre leicht zu beseitigen – der Tag müsste nur auf 30 Stunden verlängert werden!" Dieser phantastische Lösungsvorschlag stammt von einem burnoutgefährdeten Verwaltungsdirektor, der immer wieder mit dem Schicksal hadert, Zeit nicht beliebig ausdehnen zu können.

In der Enthusiasmusphase der Berufs-Karriere spürt man die Belastung des Zeitdrucks noch nicht so dramatisch. Irgendwie geht alles. Oft fühlen wir uns getragen von einer Woge der Bereitschaft unserer lieben Nächsten, Engpässe gemeinsam zu überbrücken. Zur Not kommen wir auch einmal mit sehr wenig Schlaf aus, uns genügt die hektische Fast-Food-Mahlzeit, und die Kinder und Bekannten werden auf später vertröstet. Spätestens in der pragmatischen Phase werden wir jedoch beginnen, den Realitäten, unserem Körper und dem sozialen Umfeld die gebührende Beachtung zu schenken. Auf späteren, bedrohlicheren Burnout-Stufen ist dies ein unbedingtes Muss!

Uns bleibt nichts anderes übrig, als uns damit abzufinden: Objektiv stehen uns 60 Minuten pro Stunde, 24 Stunden pro Tag und 7 Tage pro Woche zur Verfügung. Wenn Sie nun die Zeiten für Schlafen, Ausruhen, Essen, Körperpflege, Haushalt, private Schreibtischerledigungen, Telefonate, Internetsurfen, TV-Konsum, Gänge und Einkäufe, Familie, Freunde, Hobby, Kultur, Bildung, spirituelle Besinnung, Sport, Heimwerken und weitere Vergnügungen und Verpflichtungen abziehen (ich hoffe, Sie geraten noch nicht in Panik), bleibt auch bei knapper Kalkulation ein recht überschaubares Stundenpaket pro Woche für die berufliche Arbeit übrig. Leider treibt die Zeitnot uns leicht dazu, an den genannten Bereichen schmerzliche Abstriche vorzunehmen. Ob und in welchem Umfang Sie das wollen, liegt ganz allein in Ihrer Hand.

Meinerseits möchte ich Ihnen an dieser Stelle vorschlagen, sich eher daran zu versuchen, ein sinnvolles Zeitmanagement für das knappe Budget einzuführen. Ich werde Ihnen ein Bündel wertvoller Hinweise anbieten, mit denen Sie Ihre Tageszeit besser nutzen können.

1. Konstruktiver und effektiver Umgang mit Zeit ist neben der Kenntnis und Anwendung von Zeitmanagement-Techniken in hohem Maße eine Frage der inneren Einstellung und Haltung. Als Vergleich aus dem Lebensbereich vieler Menschen mag das Vorhaben das Rauchen aufzugeben, herhalten: Nach zahlreichen halbherzigen Versuchen mit allen möglichen Hilfsmitteln macht man irgendwann die Erfahrung, dass die besten Methoden nur dann helfen, wenn man es wirklich will und mit allen Fasern des eigenen Organismus anstrebt. Genauso bilden ein fester Vorsatz und die innere Bereitschaft, die zur Verfügung stehende Zeit konsequent zu planen, bereits die ersten Schritte zum Erfolg. Zusätzlich ist der lange Atem der konsequenten Durchführung allerdings unerlässlich.

Einige typische und sehr hinderliche Einstellungen und Grundhaltungen erschweren uns ein optimales Zeitmanagement. Wer glaubt, man erscheine in den Augen der anderen Menschen wichtig, wenn man nur genügend Hektik und Umtriebigkeit („Eindrucksmanagement") an den Tag lege, wird nie zur ruhigen Abarbeitung der Aufgaben gelangen. Manche Personen definieren auch ihre persönliche Wichtigkeit (im Extremfall sogar ihre Existenzberechtigung) danach, wie überlastet ihr Schreibtisch und sie selbst erscheinen oder wirklich sind. Wie zum Beweis dafür stapeln sich zwangsläufig die Akten, Überstunden und Burnout-Symptome. Für diese Menschen wäre es eine spürbare Entlastung, wenn sie ihren Selbstwert vom bewältigten Arbeitsanfall abkoppeln würden und ihnen andere Personen die Sicherheit vermitteln könnten: „Du bist auch nützlich und wichtig wenn du Pausen machst und ruhig arbeitest!"

Andere überlastete Menschen leiden unter einer Verkümmerung der Fähigkeit, „Nein!“ zu erwidern, wenn Anliegen, Aufträge und Wünsche an sie heran getragen werden. Zum „Ja-Sager“ wird man, wenn die Befürchtung überhand nimmt, ein eigenes klares Nein zu einem Wunsch oder einer Aufgabe würde automatisch dazu führen, als ganze Person abgelehnt zu werden. Jeder hat ein Recht darauf – und sollte dies auch wahrnehmen –, zu prüfen, ob er eine Aufgabe übernehmen will oder muss.

2. Verabschieden Sie sich von der Vorstellung, Sie müssten Ihren Arbeitsalltag grundsätzlich revolutionieren. Es sind nicht die falsch angefassten großvolumigen Projekte, mit denen wir unsere Effizienz sabotieren. Der Teufel steckt bekanntlich im Detail. Wenn wir es vermögen, die kleinen Störungsplagegeister zu beseitigen, können wir schon einen erheblichen Zeitgewinn verbuchen. Wie leicht lassen wir uns von Unterbrechungen ablenken, kommen nicht recht in Gang und vertrödeln oder verschieben Unangenehmes. Wie oft suchen wir Unterlagen, ärgern uns mit dem PC herum oder erledigen Angelegenheiten, die eigentlich delegierbar wären. Beginnen wir also damit, den Arbeitsalltag in den Griff zu bekommen statt uns in seinem Würgegriff zu winden. Seiwert schlägt als Maßnahmen gegen einen „Salamitag“ vor, artgleiche Tätigkeiten, wie kurze Mitarbeitergespräche oder Telefonate zusammenzufassen und in einem Bündel zu behandeln, feste Tageszeiten für regelmäßige Erledigungen wie Teamgespräche oder auch Sport einzurichten und eine „stille Stunde“ ganz für sich zu reservieren, während derer wir für niemanden erreichbar sein sollten.

3. Nutzen Sie die Erkenntnisse aus den Beobachtungen Ihres eigenen Körperrhythmus. Zu Zeiten Ihres Leistungshochs nehmen Sie sich sinnvollerweise wichtige Aufgaben, Termine und Erledigungen vor, statt die Energie mit Routinetätigkeiten wie Aufräumen, Ablegen oder ähnlichem zu vergeuden.

4. „Anfangen ist leicht, doch Beharren ist eine Kunst“, so ein deutsches Sprichwort. Die Workaholics können nicht aufhören, die Energiearmen halten nicht durch, und die Zauderer kommen gar nicht erst in Gang. Fall Sie sich zu den letzteren zählen: Fangen Sie gleich und nur an, als erste Tätigkeit – bereits wenige Minuten, die Sie gezielt der vor Ihnen liegenden Aufgabe widmen, motivieren zum (späteren) Weitermachen! Die Ihnen wohlvertrauten Ablenkungsmanöver wie der kleine Plausch, das Telefonat, das Erledigen von Alltagsangelegenheiten, die einem gerade einfallen, oder das Kaffeekochen platzieren Sie ab jetzt gezielt in die Pausen. So belohnen Sie sich selbst für geschaffte Leistungen und können dabei Stolz und Zufriedenheit verspüren.

5. Menschlich durchaus verständlich, psychologisch allerdings grundverkehrt sind – Frustkäufe. Hat man ein Ziel nicht erreicht oder ein Projekt in den Sand gesetzt, neigt so mancher dazu, „als Entschädigung" und Trost eine CD oder ein schickes Top in den Einkaufskorb fallen zu lassen. Was Sie damit jedoch anrichten ist die Verstärkung („Belohnung") von Misserfolg und Versagen. Und wir wissen sicher, dass verstärkte Verhaltensweisen in Zukunft öfter auftreten. Feiern Sie besser in Zukunft Ihre Erfolge; die deprimierte Stimmung nach Niederlagen können Sie lieber durch Ablenkung, Sport oder gute Gespräche vermindern.

6. Legen Sie bewusst kleine Pausen vor der Ermüdung ein, in denen Sie möglichst vollkommen abschalten, sich mit etwas anderem beschäftigen oder sich gezielt entspannen (z.B. wie im Kapitel über Entspannung beschrieben).

7. Bevor Sie sich auf das Tagwerk stürzen, sollte, wie später noch ausführlich dargestellt werden wird, die eigene Zielsetzung geklärt sein: Wohin möchte ich in welcher Zeit genau gelangt sein? Umfangreiche Arbeits- und Lebensprojekte sind sinnvollerweise in Teilziele zerlegt, in Häppchen, die gut verdaubar und dazu noch schmackhaft sind.

8. Es hat sich als psychologisch vorteilhaft herausgestellt, die Planung für einen gesamten Tag am Abend vorher abzufassen. Indem Sie die Projekte des folgenden Tages zu Papier oder auf das Display bringen, entlasten Sie Ihren Kopf, befreien sich von kreisenden Gedanken und finden eher entspannenden Schlaf. Verplanen Sie jedoch nur ca. 60–70 Prozent der zur Verfügung stehenden Zeit.

Sie können sich dabei an folgenden Leitlinien orientieren:

a. Sammeln Sie die Punkte für den nächsten Tag.
b. Gewichten Sie (vielleicht mit kleinen Gewichtssymbolen) die Tätigkeiten und schätzen Sie den voraussichtlichen Zeitbedarf ab.
c. Notieren Sie die festen Termine an deren Platz.
d. Stellen Sie nun den gesamten Tagesplan nach den Prioritäten zusammen (Achtung: Lücken lassen und die wichtigsten Dinge zuerst!).
e. Vergleichen Sie in den ersten Tagen Ihren Plan regelmäßig mit der Verwirklichung, um ein sicheres Gespür für Ihre realistische Vorhersage zu entwickeln.

9. Analysieren Sie ehrlich den Charakter der verschiedenen Störungen. Welche müssen Sie in Kauf nehmen? Welche sind hausgemacht, basieren also auf Ihrer eigenen Unorganisiertheit oder Ablenkungsbereitschaft?

10. Gesunde und stressresistente Berufstätige wissen ihre Energie sinnvoll und wohlüberlegt einzuteilen. Nutzen Sie die Tatsache, dass Ihre Aufmerksamkeit und Ihr Engagement in verschiedenen Situationen in variierendem Ausmaß benötigt wird. Finden Sie diejenigen Momente heraus, in denen Sie sich eine kleine innere Pause gönnen können und erlauben Sie sich, wenn es ausreicht, mit 90-prozentigem Einsatz zu agieren. Ihr 100-prozentiges Hochleistungsfeuer brennen Sie nur in den wesentlichen Ankersituationen des Arbeitstages ab. In jungen Jahren genauso wie zu Beginn einer neuen Tätigkeit versuchen Menschen verständlicherweise die Arbeitsmethoden bis zum Letzten auszufeilen und zu perfektionieren. Später gelten dann andere Prioritäten. Das Motto gut organisierter und erfolgreicher Menschen lautet: Effiziente versuchen, alles richtig zu machen, Effektive machen das Richtige!

11. Beißen Sie sich nie in einer Aufgabe weit über Ihr geplantes Zeit- und Energiebudget hinaus fest. Geben Sie sich bei unvorhergesehenen Schwierigkeiten mit einem Teilziel zufrieden, legen Sie das Projekt zugunsten einer gesunden Atempause auf Eis oder schrauben Sie Ihren Anspruch herunter, eine optimale Lösung erzielen zu müssen.

12. Auch wenn Sie zu den Künstlern gehören, die auf einem vor Unterlagen überbordenden und für Außenstehende chaotischen Schreibtisch das Gesuchte zielsicher hervorzaubern können, probieren Sie dennoch, gewisse Ordnungen und Regelmäßigkeiten an Ihrem Arbeitsplatz einzuführen. Letztendlich sparen Sie sich Suchereien, Ärger, Frust und Zeit, wenn Sie nach Systemen planen, registrieren und ablegen, wenn Sie mehr vorbereiten und aktuell erledigen, statt hechelnd hinterher zu rennen und wenn Sie sich an Stammplätze für die regelmäßig gebrauchten Gegenstände – auch im Privatleben – gewöhnen.

13. Noch einige Tipps: Checklisten für häufige und wiederkehrende Vorgänge (wie Reisen) anlegen; einen Timer oder andere Planungssysteme verwenden; ein Ideenkästchen (real oder virtuell) für plötzliche Geistesblitze einrichten; Textbausteine im PC vorhalten für wiederkehrende Formulierungen, elektronische Assistenten zum Erinnern benutzen.

Die genannten Anregungen können Sie am wirksamsten ausschöpfen, wenn Sie auch einmal mutig alle eingefahrenen Gewohnheiten dahingehend überprüfen, ob diese immer noch im Einklang mit ihrer persönlichen Entwicklung stehen. Überdenken Sie deshalb einmal grundsätzlich alle selbstverständlichen Stationen Ihres Tages. Vielleicht probieren Sie einmal ganz bewusst, statt fernzusehen mittels klassischer Musik abzuschalten. Oder Sie stehen früher auf, um in Ruhe zu frühstücken, mit dem Partner zu reden oder zu joggen. Möglicherweise gönnen Sie sich nach Arbeitsende eine stille halbe Stunde zu Hause, um abzuschalten und anschließend lustvoll mit den Kindern zu spielen. Oder, oder, oder ... Fassen Sie sich ein Herz, alte und zur Routine erstarrte Gepflogenheiten einem Sinnhaftigkeits-TÜV zu unterziehen und gegebenenfalls verschlissene Teile auszutauschen, um mit neuen Elementen frischen Wind in Ihrem Alltag wehen zu lassen.

Beim Experimentieren möchte ich Sie einladen, die Langsamkeit zu entdecken. Setzen Sie auch beim Verändern einen Fuß vor den anderen. Probieren Sie Neues aus dieser Anregungsliste häppchenweise und suchen Sie sich zum Anfangen diejenigen Aspekte heraus, von denen Sie sich intuitiv am ehesten angesprochen fühlen.

12. Vertrauen, selber machen und delegieren

Sobald du dir vertraust,
sobald weißt du zu leben.
Johann Wolfgang v. Goethe

Hartmut lebt als selbständiger Rechtsanwalt und Junggeselle ganz für seinen Beruf. Er verfügt über ein gutes und immer aktuelles Fachwissen. Seine Mandanten spüren Hartmuts Engagement und schätzen seine ständige Ansprechbarkeit. So hat er es zu relativem Wohlstand gebracht. Ich lerne ihn während eines Anti-Stress-Seminars kennen und bin anfangs von seiner optimistischen Ausstrahlung beeindruckt. Neben seinem offenen und zugewandten Wesen spürt der aufmerksame Zuhörer allerdings bald auch einen wohlgehüteten anderen inneren Hartmut: einen von Selbstzweifeln geplagten, misstrauischen Mann, der in Belastungssituationen sein Heil in zynisch-boshaften Lästereien sucht. Im Verlauf des Kurses beschwert er sich bitterlich über die Angestellten seiner Kanzlei: „Ich kann die noch so genau schriftlich anweisen, was sie tun sollen und wie sie es ausführen sollen. Wenn ich dann mal zufällig reinschaue, machen sie alles doch wieder anders. Eigentlich sollte man die Lesefähigkeit doch voraussetzen. Schon fehlerfreies Abschreiben ist ein Wunder. Wenn ich mich nicht um alles selber kümmere, läuft gar nichts. Und außerdem geht es bei mir sowieso schneller und ich weiß, dass die Arbeit so erledigt wird, wie sie sein soll."

Hartmut fühlt sich unter immensem Stress; er hat den Eindruck, permanent den Anforderungen hinterherzulaufen. Die Menge der Erledigungen türmt sich bedrohlich vor ihm auf, und das Gefühl, sich mehr und mehr zu verzetteln, ergreift zunehmend Besitz von ihm. Als er im Burnout-Selbsttest seinen Ergebniswert von 4.3 ausrechnet, reagiert er erst einmal unwirsch. Sein innerer Druck wird zudem in sarkastischen Pausen-Bemerkungen über das „faule und versorgte Leben" einer beamteten Kursteilnehmerin deutlich. Neben der offen geäußerten Anklage, nur Nullen um sich zu haben, schimmert zögernd eine tiefe Sehnsucht durch die Beschwerden hindurch. Wie gern würde er einmal „fünfe gerade sein lassen" und Mitarbeitern seine Lasten aufbürden. Doch ihm fehlt das Vertrauen, andere würden die Büroangelegenheiten selbständig ebenso gut regeln können wie er selbst. Oder hat Hartmut Angst, alles würde ohne ihn genauso reibungslos laufen, ja womöglich sogar besser und leichter? Oder seine Wichtigkeit könnte leiden? Vielleicht sogar seine Überflüssigkeit für so manche Abläufe oder zumindest einige seiner Schwächen offensichtlich werden?

Menschen, die schon früh in ihrem Leben von Entbehrungen gebeutelt worden sind, entwickeln als eine Art Selbstschutz oft einen übersteigerten Unabhängigkeitskult. Sie reagieren wie der Fuchs, der – frustriert von seinen vergeblichen Sprüngen nach den über ihm hängenden süßen Trauben – beschloss, Weinbeeren eigentlich gar nicht zu mögen. Statt sich der bitteren Erkenntnis auszusetzen, nicht bekommen zu haben, was man sehnlichst erwünscht hat, verbannt man die Wünsche in den seelischen Keller: „Ich brauche ja auch niemanden; andere enttäuschen mich nur. Nur wenn ich mich auf mich selbst verlasse, bin ich nicht verlassen", mögen Hartmuts heimliche Gedanken sein. Leider klappt dieses Autonomiekorsett in Stress-Situationen leicht zusammen und macht zudem äußerst anfällig für schleichendes Ausbrennen. Daher ist es gesünder, das Recht auf Unterstützung einzufordern, sich eigene Grenzen einzugestehen und sich vertrauensvoll darauf zu verlassen, dass andere die Assistenzarbeiten eigenständig, hilfreich und korrekt durchführen.

Auch die „Kontrolleure" haben schon im Sandkasten gelernt, dass man dann an der Macht bleibt, wenn man ständig ein Auge auf alle Vorgänge gerichtet behält. Misstrauisch überwachen sie später ihre Untergebenen rund um die Uhr. „Wenn ich Schwäche erkennen lasse, werde ich ausgenutzt", lautet deren Stress-Lebensmotto. Und das haben sie leider häufig schon als Kind erfahren. Menschen, deren kindliche Wehrlosigkeit missbraucht wurde, entwickeln später einen sicheren Instinkt und eine ausgeprägte Fähigkeit, andere zu beherrschen. Diese aus der Not geborene Fähigkeit frisst allerdings ebenfalls Energien, die anderswo fehlen.

Denn sowohl das „Alles-allein-machen-Müssen", das „Keine-Unterstützung-Brauchen" als auch das „Nicht-vertrauensvoll-wichtige-Bereiche-aus-der-Hand-geben-Können" reiben mit der Zeit auf und lassen ausbrennen. Gefeiter sind diejenigen, die sich die Erfahrung erlauben, dass auch andere unbedrohlich neben ihnen arbeiten können, dass Verantwortung teilbar ist, dass sie sich vertrauensvoll entspannen dürfen und dass sie nicht allgegenwärtig (kontrollierend) dabei sein müssen. Wer meint, sich um alles selber kümmern zu müssen, wird diese Meinung auch bestätigt bekommen. Die Mitarbeiter werden nämlich immer unselbständiger, das Klima verunsicherter; bald geht tatsächlich nichts mehr ohne diesen Vorgesetzten. Ein wirklich effektives Arbeiten ohne Delegation ist undenkbar. Der „Autonome" verzettelt sich, lebt ständig in dem Gefühl, wichtige Dinge nicht erledigt zu haben und treibt Raubbau mit den eigenen Energiereservoirs.

Der Delegierende benötigt eigentlich nur wenige, aber bedeutsame Tugenden, um sich zu entlasten. Die beiden tragenden Säulen heißen „Vertrauen" und „Sicherheit". Delegieren setzt Vertrauen in andere voraus, dieses erwächst aus Vertrauen zu sich selbst. Und eigene innere Sicherheit verleiht einem die Fähigkeit, ausgewählte Bereiche aus der Hand zu geben, ohne befürchten zu müssen, die eigene Position stehe damit zur Debatte. Erfolgreiche Menschen, die ihren Stress meistern und dem Ausbrennen vorzubeugen in der Lage sind, zeichnen sich durch ein gerüttelt Maß an Konkurrenzsicherheit aus. Eine Untersuchung zu diesem Thema erbrachte folgendes Ergebnis: Erstklassige Manager delegieren an erstklassige Mitarbeiter, zweitklassige Manager hingegen delegieren an drittklassige Mitarbeiter. Sie benötigen sicherheitshalber eine Qualitätsstufe zwischen sich und dem Deleganden.

Wer viel erledigt und alles richtig macht, bringt es zu einem ordentlichen und pflichtbewussten Menschen. Wer viel erledigt und das Richtige macht, erringt Erfolg durch gesunde Leistung und vermeidet das Ausbrennen eher. Es gilt also, dieses Richtige, also das Wesentliche, vom Unwesentlichen zu trennen. Die grobe Richtschnur lautet: das Wichtige erledigen Sie selbst, alles weniger Wichtige sollte einer Prüfung auf Delegierbarkeit unterzogen werden.

Seelische Hemmnisse bei der Durchführung dieser eigentlich einleuchtenden Aufteilung sind menschlich verständlich. Eine Bekannte von mir mit gutem Einkommen klagte über ihre Mehrfachbelastung als Hausfrau und Ausbildungsleiterin eines mittleren Unternehmens. Dabei plagten sie vor allem Schuldgefühle bei dem Gedanken, „niedere Arbeit" an eine Putzfrau zu delegieren (und wenn, dann diese nur nach umfangreichem „Vorreinigen" zu Werke zu lassen). Erleichterung verschafften ihr erst die eindringlichen Zureden aus dem Bekanntenkreis, dass Aufgaben, die für den einen unbedingt zu delegieren sind, für andere wiederum genau den passenden Hauptinhalt der eigenen Tätigkeit darstellen. Was hier über das Delegieren an Unterstellte gesagt wird, gilt natürlich entsprechend für die „Aufgabenteilung" mit Gleichberechtigten. Nur verwechseln Sie bitte nicht das eine mit dem anderen.

Die „Kontrolleure" sollten ihre Fähigkeit weiterhin nutzen. Gegenstand der Überwachung darf allerdings nicht die Durchführung der Aufgabe, sondern muss das Ergebnis sein. So vermeidet man Verunsicherung und schafft gleichzeitig Würdigung, eine Atmosphäre der Wichtigkeit und eine klare Rückmeldung für den Deleganden. Schon bald werden Sie die Vorteile zu spüren bekommen. Sie haben mehr Zeit für sich und das Wesentliche, Spezialistenwissen bereichert Ihre Projekte, und die Mitarbeiter sind leistungsbereiter und zufriedener, weil sie eine größere Verantwortung erhalten, wahrgenommen werden, mehr Sinn in der eigenen Tätigkeit erleben.

Wenn Ihre Skepsis bezüglich der Bereitschaft Anderer, Tätigkeiten für Sie zu erledigen, auf Ihrer Erfahrung beruht, immer Widerwillen und mangelhafte Ausführung erlebt zu haben, habe ich einen Tipp für Sie: Delegieren Sie doch einmal nicht die für Sie lästigen Dinge sondern genau die Aufgaben, von denen alle wissen, dass Sie die am liebsten selbst machen, weil Ihr Herzblut daran hängt. Sie werden überrascht sein, mit welcher Einsatzbereitschaft und Hingabe sich die Menschen, denen Sie dermaßen Vertrauen schenken, engagieren.

Anfangs muss man sich manchmal zum Umdenken zwingen, wenn einem solch ein Arbeitsstil nicht vertraut ist. Die rasche Belohnung durch die genannten Erfahrungen machen diese Mühe jedoch rasch wett. Manchmal bedarf es eines konsequenten Trainings zu lernen, nicht nur gut zu arbeiten, sondern die Arbeit auch gut zu organisieren.

13. Beruf und Privatleben ausbalancieren, Freude an Menschen wiedergewinnen

Harald, im mittleren Management eines Pharmaunternehmens tätig und Teilnehmer an einem Burnout-Seminar, lässt uns den „ganz normalen Wahnsinn" seines Alltages miterleben: Unter ungeheurem Zeit- und Erfolgsdruck und aufreibendem Konkurrenzkampf empfindet er eine für ihn seltene 50-Stunden-Woche als Erholung. Seine ständige Verfügbarkeit, auch abends und am Wochenende, gilt als selbstverständliche Eintrittskarte für die Warteschleife einer Karriere. Der Vorgesetzte lässt keine Gelegenheit aus, Harald nachdrücklich seine Erfolgsphilosophie zu vermitteln: der Beruf habe auch das Hobby zu sein, familiärer Rückhalt werde vorausgesetzt, wobei die Ehefrau höchstens repräsentieren dürfe und die intakte Familie sei durch das Foto der Kinder auf dem Schreibtisch genügend dokumentiert. Harald hat das Gefühl, seine Zeit gehörte nicht ihm, sondern der Firma, die sie recht kleinlich verleiht. Freizeitengagement außerhalb des Unternehmens ist erwünscht – sofern es dem beruflichen Fortkommen und dem Ansehen des Hauses nützt.

Mit Fahrtzeit ist Harald ca. 12 Stunden täglich von zu Hause abwesend – wenn nicht Messen, Kongresse oder Meetings sogar eine mehrtägige (oft extrem kurzfristig angesetzte) Geschäftsreise erfordern. Ein von der Ehefrau liebevoll eingerichtetes Haus, seine zwei Kinder und den Hund kann er nur selten genießen, der Volleyballtermin und Freunde sind längst geopfert. „Mein Beruf bestimmt mich, mein Leben und das meiner Familie." Diese Familie droht nun daran zu zerbrechen, dass Harald sich zunehmend ausgebrannt und in der Falle gefangen fühlt. Vorsichtige Erkundungen beim Chef über Möglichkeiten, etwas mehr Balance in sein Dasein zu bringen, um die Ehe zu retten, brachten Harald die schonungslose Information ein, dass dies das Ende jeglicher Karriereträume wäre.

In einem fast noch aussichtsloseren Dilemma stecken die Frauen, die viel seltener auf die Möglichkeit zurückgreifen können, mit einem geduldigen und begnügsamen Hausmann und Vater für die Kinder als Rückhalt den für sie oft noch höheren Anforderungen im Beruf zu begegnen. Daher überrascht es auch nicht, dass die Initiativkraft für ein „Downshifting", wie Naisbitt die Ausgewogenheit zwischen Karriere, Familie und Freizeit bezeichnet, von Frauen in der Wirtschaft ausging. Denn ihre Fähigkeit, die genannten Lebensbereiche in Einklang zu bringen, wird zu Recht als entwickelter eingestuft und im täglichen Leben auch mehr gefordert. Wie schon bei der Sensibilität für sich und für andere Menschen können auch hier die Männer von den Frauen lernen.

Und sie scheinen damit zu beginnen, wie Asgodom ermutigt. Eine deutlich wachsende Zahl von Menschen will ihre Freizeit nicht mehr der Karriere opfern, sie möchten mehr Freude an der Arbeit empfinden, über ihre Zeit selbst verfügen, und sie streben ein ausgewogenes Gleichgewicht zwischen Arbeit, Familie und Freizeit an. Als Work-Life-Balance gewinnt dieser Trend zunehmend an Popularität. Seiwert beschreibt eine gesunde Lebensbalance als die Fähigkeit, die vier Bereiche Arbeit und Leistung, Familie und Kontakte, Körper und Gesundheit sowie Sinn und Kultur in einem für die eigene Person bekömmlichen Zusammenspiel in Einklang zu bringen. Vielleicht erstellen Sie sich einmal zwei kleine Tabellen mit den vier genannten Bereichen. Auf der einen Seite tragen Sie diejenige prozentuale Gewichtung dieser Gebiete ein, welche zurzeit für Sie zutrifft; daneben ihre Wunscheinteilung für die Zukunft. Je mehr Übereinstimmung Sie feststellen, desto zufriedener sind Sie wahrscheinlich (und desto weniger Handlungsbedarf besteht). Auch Firmeninhaber und Personalchefs fangen an, darüber nachzudenken, ob ein ausgeglichener Mitarbeiter, der sein Leben und nicht nur die Arbeit optimal managt, der umfassende Präventivmaßnahmen gegen das Ausbrennen ergreift und wegen der Freude am erlebten Aufwachsen der Kinder auch mehr Freude am Job empfindet, nicht ein besserer Repräsentant des Unternehmens ist.

Die Stressforschung liefert uns handfeste Tatsachen, die das Plädoyer gegen Einzelkämpfer und Firmenmulis untermauern. Einen der Hauptrisikofaktoren für Stressanfälligkeit und mit ihr einhergehende Herz-Kreislauferkrankungen stellt die mangelnde Sozialeinbindung einer Person dar. Diejenigen Menschen, die sich in einem tragfähigen sozialen Netzwerk eingebunden fühlen, unterliegen einer geringeren Gefahr auszubrennen, weil sie mit dem Partner reden, die Kinder erziehen, mit Freunden berufsunabhängige Unternehmungen starten sowie soziale, kulturelle und sportliche Aktivitäten wahrnehmen. Die Beziehungen zu Menschen wollen liebevoll gehegt werden. Gerade bei Personen in fortgeschrittenen Burnout-Stadien mangelt es deutlich daran. Kontakte verkümmern, man neigt dazu, sich zurückzuziehen, das Vertrauen in andere schwindet, und man fühlt sich kaum noch in der Lage, wohlwollende Unterstützung wahrzunehmen.

Reservieren Sie sich deshalb rechtzeitig ein ordentliches Stück von Ihrem Zeitkuchen für die Kontaktpflege. Wer alle verfügbare Zeit dafür investiert, sich ausschließlich auf das Arbeitsleben zu konzentrieren, verliert nicht nur menschlichen Rückhalt, sondern gewichtet logischerweise auch die im Beruf erlebten Erfolge und Misserfolge bei der Sinnfrage nach der eigenen Existenz übermäßig schwer.

Wir sollten akzeptieren, dass Arbeit und Privatleben in enger Wechselbeziehung zueinander stehen. Viele Leser werden wahrscheinlich bereits die bittere Erfahrung gemacht haben, wie negativ sich beruflicher Überdruss auf die familiäre Stimmung niederschlägt. Genauso verschlimmert jedoch langfristig gelebte Isolation und Interessenverarmung das Risiko, am Arbeitsplatz zynisch, gekränkt und mit Rückzug zu reagieren, wenn aus dieser einzigen Sinnquelle des Lebens einmal unsauberes oder gar vergiftetes Wasser sprudelt. Immer mehr Menschen spüren, dass es keinen dauerhaften und gesunden Erfolg im Beruf gibt ohne eine erfüllte Freizeit. Und auf der anderen Seite merkt man, wie durch Erfolgserlebnisse außerhalb der heimischen vier Wände die Möglichkeiten zunehmen, auch privat, in Beziehungen und in der Familie glücklich zu werden.

In Anlehnung an Pines und Mitautoren möchte ich Ihnen die Vorteile und Chancen, die mit der sozialen Unterstützung durch Menschen verbunden sind, nahe bringen:

- Wir brauchen Andere, die uns einfach nur zuhören können, die ohne kluge Ratschläge oder „Wegtrösten" in der Lage sind, Erfolge und Misserfolge, Stolz und Enttäuschung oder Wut und Bedrücktsein mit uns zu teilen, die sich in uns hineinversetzen können, die einfach da sind und die uns helfen, Konflikte und uns selbst zu klären.

- Wir benötigen Menschen, die uns sachliche Anerkennung und Bestätigung unserer Kompetenz vermitteln. Hierfür eignen sich neben dem Lebenspartner bevorzugt die von uns geschätzten Kollegen. Wir wissen inzwischen, dass mangelnde Rückmeldung (und Bestätigung) von Menschen, denen wir die Kompetenz hierfür zuschreiben, ein gewichtiges Burnout-Risiko darstellt.
- Gute Kollegen und Freunde bewahren uns vor Eintönigkeit und Stagnation, indem sie uns vor neue Herausforderungen stellen, die einen anderen Blickwinkel, Weiterentwicklung und Kreativität erfordern.
- Vor allem Eltern, Partner und Freunde können uns etwas geben, was gerade in stressreichen Berufen unabdingbar ist: prinzipielle emotionale Unterstützung und Solidarität. Damit ist nicht gemeint, dass wir zahlreiche kritiklose Ja-Sager um uns versammeln, sondern dass wir uns auf (nicht notwendigerweise räumlich) nahestehende Menschen verlassen können, die uns den Rücken stärken, Mut machen, zu uns als Mensch stehen und gegebenenfalls ihren eigenen Vorteil hintan stellen.
- Fast schon therapeutische Wirkung strahlen Personen auf uns aus, denen wir aufgrund einer vertrauensvollen Beziehung erlauben, uns emotional herauszufordern. Menschen, die uns statt falsch verstandener Höflichkeit und Rücksicht schonungslos und mit brutaler, aber wohlwollender Ehrlichkeit einen Spiegel vorhalten dürfen, die uns rückmelden, wie sie uns, unser Verhalten, unsere Einstellungen und Fähigkeiten wahrnehmen. Natürlich fürchten wir erst einmal solch drastische Konfrontation mit der (oft wahren) eigenen Realität, dem „Blinden Fleck"; wer sich jedoch mutig in ein derartiges Experiment einlässt, wird die Erfahrung machen, dass ein frischer und belebender Wind, den man in das eigene innere Gefüge geblasen bekommt, Mut und Kraft für persönliches Wachstum spendet.
- Gerade in verantwortungsvollen und spezialisierten Tätigkeitsbereichen benötigen wir hin und wieder glaubwür-

dige, bodenständige und fachkompetente Kollegen, die uns helfen, den Bezugsrahmen zur Prüfung der sozialen Realität aufrecht zu halten. Aus derartiger Unterstützung schöpfen wir die Fähigkeit, uns gegen Manipulationen zu wehren, scheinlogische Argumente zu entlarven oder sich gegen Gruppen zu behaupten, die wegen ihrer zahlenmäßigen Überlegenheit versuchen, uns absoluten Unsinn als Wahrheit zu verkaufen.

Damit Menschen sich dem Zustand einer ganzheitlichen Balance annähern können, sollten sie darauf achten, dass die Zeit in Familie und Freundeskreis, vor allem jedoch bei Sport, Fun und diversen Freizeitaktivitäten eine ausgewogene Ergänzung zur beruflichen Tätigkeit und nicht eine heimliche Fortsetzung der Werte am Arbeitsplatz bildet. Aufreibender Stress und Hektik, Dominanz des Leistungsideals, rauer Wettbewerb und harte Konkurrenzkämpfe in der Firma müssen ausgewogen werden durch wirklich entspannendes, von Genussstreben dominiertem und möglichst von vertrauender Kooperation getragenem privatem Erleben. Vermeiden Sie also, wenn die Beschreibung auf Sie zutrifft, Leistungssport, Hetze von einem Event zur nächsten Pflicht-Vernissage und das kräftezehrende Bemühen, auch privat der brillanteste Partyunterhalter zu sein, den gepflegtesten Garten vorzeigen zu müssen oder als erster den neuesten Urlaubs-Geheimtipp besucht zu haben.

Fühlen Sie sich beruflich eher unterfordert, haben Sie das Gefühl, dass nicht alle Ressourcen, die in Ihnen stecken, zum Tragen kommen können, und ist Ihr Tag eher durch zermürbende Eintönigkeit gekennzeichnet, so sollten Sie in Ihrer Freizeit für Vitalisierung und Erfüllung sorgen. Fordern Sie sich, werden Sie kreativ und aktiv, stürzen Sie sich in Funsportarten genauso wie in Weiterbildung statt zu entspannen, fernzusehen oder nur vor sich hin zu puzzeln.

Haben Sie sich das Geben zum Beruf gewählt, kann für Sie privat nur gelten: Achten Sie darauf, dass Sie sich etwas nehmen, dass Sie selbst etwas bekommen. Die Missachtung dieses Punktes führt viele Helfer geradewegs auf die Straße des Ausbrennens.

Und möglicherweise zeichnet sich Ihr Arbeitsalltag durch hektische Betriebsamkeit aus. Als Ausgleich sollten Sie dann nicht gerade zehn Wochenend-Städtereisen dazwischen quetschen, sondern zweimal längere Zeit am Stück ausgiebig und ruhig verreisen. Unterschätzen Sie nicht die therapeutische Wirkung eines in allen Belangen richtig gewählten Urlaubs. So manche Burnout-Krise konnte auf diese Weise bereits abgefedert werden.

C. Im Einklang mit sich selbst

14. Die Antenne nach innen richten

Der wahre Beruf des Menschen ist,
zu sich selbst zu kommen.
Hermann Hesse

Kennen auch Sie Menschen, die auf die Frage, wie es ihnen geht, mit Aussagen antworten, die etwa so lauten: „Es muss ja", „Ach, es gibt so viel zu tun", „Meine Frau hat gestern gerade gemahnt, ich solle etwas für meine Figur tun", „Es läuft eigentlich ganz ordentlich", „Heute morgen sah ich etwas blass im Spiegel aus", „Ich denke, anderen geht es schlimmer", „Danke, und selbst?". Inhaltlich erhalten wir ganz unterschiedliche und persönliche Reaktionen – die Quelle jedoch, aus der alle diese Reaktionen gespeist werden, ist die gleiche: Der Befragte vermeidet es, sein wirkliches Befinden zu erkunden und zum Ausdruck zu bringen.

Manchmal antworten wir einfach mit einer Floskel, weil wir gar nicht mit dem ehrlichen Interesse an unserem Befinden rechnen. Oft erschwert die Hektik des Alltags eine geruhsame und bewusste seelisch-körperliche Standortbestimmung. Und seien wir ehrlich – gelegentlich wollen wir uns auch überhaupt nicht näher mit Sorgen und Wehwehchen beschäftigen, von denen wir uns gerade mit Mühe, aber erfolgreich, gelöst haben und die endlich einige Stunden oder sogar Tage im Abstellraum unserer Seele schlummern. Und erst recht nicht gegenüber jedem beliebigen Frager.

Einerseits pflegen wir auf diese Weise eine gesunde Seelenhygiene, andererseits lassen wir vielleicht die eigene Gefühlswelt zu stark verkümmern. Denn wir benötigen die sensible Information des Körpers als ständige Rückmeldung über unseren Energiepegel, unsere Abwehrkraft und um zu spüren, was uns wirklich gut tut und was uns schadet. Von Personen, die mit dem Mut ausgestattet sind, die Abtastungen des „Innenradars" zu würdigen, bekämen wir Äußerungen zu hören wie: „Ich fühle mich überlastet", „Ich leide darunter, dass ich nicht mehr zum Tennis komme und meine Frau auch noch meinen Bauch kritisiert", „Ich bin ganz zufrieden", „Da muss ich erst einmal nachdenken und mein Befinden herauskriegen."

Und was hat das mit Burnout zu tun? Es gibt hier zwei bedeutsame Verbindungen. Zum Einen brennen Menschen ja oft deshalb aus, weil sie sich ohne innere Ressourcenprüfung, Ökonomieerwägungen oder Ausgleichsbemühungen enthusiastisch im Abenteuer Beruf und Erfolg überfordern. Zum Anderen bemerken sie die Warnsignale des Ausbrennens nicht, beziehungsweise nicht rechtzeitig, oder sie nehmen sie nicht ernst. Das Ignorieren der Vorboten erschwert natürlich eine rechtzeitige Maßnahme und lässt sie die Burnout-Etappen weiter durchlaufen.

Vom Ausbrennen bedrohten Personen mangelt es an einer der folgenden Bereitschaften:

- Die Außengeleiteten nehmen sich zu selten oder nie die Zeit, ihre Befindlichkeit zu erspüren. Sie erlauben sich nicht, die Antenne ihrer Aufmerksamkeit für ein Mental-Screening nach innen zu richten. Für sie macht das Sinn, denn sie ahnen die Gefahr, dort Unzufriedenheit, Überdruss, Erschöpfung und Leere vorzufinden. Spürt man in den eigenen Körper hinein, so kann man nicht umhin wahrzunehmen, dass Spannungskopfschmerz, Magendrücken oder Rückenschmerzen ein leibliches Warnsignal für Belastungsgrenzen sind.

- Die Oberflächlichen und diejenigen, die immer schnell mit einer vernünftigen Erklärung zur Hand sind, bemerken durchaus ihren körperlichen Alarm, sie nehmen ihn nur nicht ernst. Wie schnell ist ein vermeintlich aktueller, plausibler und die Wahrheit vertuschender Grund gefunden, der die Beschwerden recht einfach begründet: „Der Föhn", „Zuviel Kaffee heute", „Ich habe wieder zu fett gegessen", „bei Vollmond kann ich nie schlafen" und auch „Unmögliche Stühle". Detlefsen veranschaulicht die schnelle Lösungsstrategie solcher Zeitgenossen eindrucksvoll durch den Vergleich mit einem defekten Auto. Der beschriebene Umgang mit Störungen würde analog bedeuten, dass der Mechaniker, statt verschlissene Motorteile zu erneuern, Öl aufzufüllen und Hinweise für eine den Antrieb schonende Fahrweise zu geben, lediglich das warnende Kontrolllämpchen im Cockpit des PKW abklemmt.
- In der dritten Gruppe finden sich Ängstliche, Zauderer und Konformisten. Sie spüren ihren Unmut, ihren Überdruss sowie ihre seelische und körperliche Auszehrung und können, wenn sie ehrlich zu sich sind, auch die Verbindung zwischen Symptomen, ihrer Einstellung und ihrer Arbeit ziehen. Aber aus falsch verstandenem Anstand, aus einer Erziehung heraus, die negative Gefühlsäußerungen oder überhaupt das Zeigen von Emotionen verbot, scheuen sie sich, so zu reagieren, wie es eigentlich ihren Gefühlen entspräche. Schlechte Erfahrungen mit Begebenheiten, in denen sie das Herz auf der Zunge trugen, mögen ein Übriges dazu beitragen, Worte und Handlungsimpulse sorgsam im Inneren zu verschließen. Oder aber es mangelt ihnen an Mut, entsprechende zwingende Konsequenzen für ihr Leben zu ziehen („Meine Pension, meine Familie, das unbezahlte Haus" etc.). Die Verluste erschei-

nen ihnen größer, das Risiko höher als die Gewinnerwartung. Diese Ängstlichen sterben lieber tausend Tode als den einen des Mutigen (frei nach Shakespeare).

Ein seelisch gesunder Mensch, der Freude am Leben, Lieben und Arbeiten hat, so beschrieb der bis ins hohe Alter schöpferisch tätige Psychologe Carl Rogers eindrucksvoll,

- nutzt die Fähigkeit, die eigene wahre Gefühlsreaktion auf äußere Gegebenheiten zu erspüren,
- nimmt diese gefundene Reaktion ernst, vertraut sich selbst und versucht, dieses Gefühl zu verstehen
- und lotet Möglichkeiten aus, die sich daraus ergebenden Konsequenzen für das eigene Leben zu ziehen.

Abgesehen von wenigen Personen, die kaum in der Lage sind, eigene Empfindungen wahrzunehmen und anzusprechen (sie leiden unter einer Krankheit namens „Alexithymie"), ist das Ausrichten der Antenne nach innen wiedererlernbar (übrigens können auch Alexithymiker neuesten Forschungsergebnisse zufolge durch das Lesen sozialer Signale ein gewisses Äquivalent für sich zu den inneren Gefühlen schaffen). Mit etwas Mut, Zeit und Training steht diese wunderbare Ressource auch denjenigen zur Verfügung, die bereits als Kinder systematisch eingebläut bekamen, nach außen zu schauen, vernünftig zu denken und angepasst zu handeln sei wichtiger im Leben als die reiche Welt der Intuition, als die „Weisheit des Körpers" oder als die kreative Nutzung des farbigen Spektrums der eigenen Empfindungen.

Prinzipiell können wir uns auf die Wahrheit unserer Gefühle verlassen! Wenn wir dem „Bauch" vertrauen, merken wir deutlich, was uns verärgert, traurig macht, beglückt fühlen lässt oder mit Stolz erfüllt. Befreien Sie sich von den Fesseln Ihrer Erziehung, die uns an den Glauben binden sollten, andere wüssten besser, was gut für uns ist. Vertrauen Sie darauf, dass genau das, was Sie als gefühlsmäßige Reaktion auf eine Aufgabe, einen Menschen oder ein Ereignis in sich wahrnehmen, der Schlüssel für Ihre Tür zu Ihrem Wohlbefinden und zu Ihrer angemessenen Reaktion ist. Nehmen Sie also Ihre Gefühle ernst und wichtig! Und versuchen Sie, diese in der Bedeutung für Ihre Tätigkeit und Ihr Leben zu verstehen! Manche wählen den Weg der Selbstbesinnung in meditativer Versenkung, andere benötigen ein Gegenüber (Partner, Freund), um sich im Gespräch darüber klar zu werden, was es für einen selbst bedeutet und wie es sich auf das Leben auswirkt, immer wieder ähnliche charakteristische Gefühlsreaktionen zu spüren.

Mit Hilfe des Beispiels der Sozialpädagogin Karin möchte ich Sie an diese faszinierende Möglichkeit der Burnout-Prophylaxe heranführen. Karin war Teilnehmerin an einem Entspannungskurs und berichtete zu Beginn eines Abendtermins über ihre aktuelle berufliche Situation. Vor drei Monaten hatte sie die von ihr heiß begehrte Stelle in einem mittleren Unternehmen erhalten. Sie war dort zuständig für die Beratung und Betreuung alkoholgefährdeter und bereits abhängiger Mitarbeiter. Doch statt der erwarteten energetischen Schaffenskraft verspürte sie einen zunehmenden Widerwillen, ihr Büro zu betreten. Sie fühlte sich in einer für sie unerklärlichen Weise minderwertig und zweifelte an ihrer Eignung, obwohl sie von ihren Klienten gemocht und geachtet wurde.

Ich leitete sie an, sich zu entspannen und sich von nebensächlichen Alltagsgedanken frei zu machen. Nachdem sie in ruhigem und gelöstem Zustand dann auf meine Anweisung hin sich ihren Arbeitsplatz in den Einzelheiten bildlich vorstellte, sank sie plötzlich unmerklich zusammen, ihre Kaumuskeln begannen zu arbeiten, und sie wirkte deprimiert. Ich animierte sie, ihr momentanes körperliches Empfinden genau zu registrieren und fragte sie, welche Gedanken oder Bilder dabei in ihr auftauchen würden. Spontan berichtete Karin von ihrer Kollegin, mit der sie das Büro teilte und die bereits zwei Jahre länger diese Tätigkeit ausübte. Als „alter Hase" wusste sie natürlich alles besser, konnte sich in der Chefetage wirkungsvoll verkaufen und fütterte „die Neue" prahlerisch und Effekt haschend ständig mit ihren Erfolgen. Der Zusammenhang zwischen Karins Arbeitsunlust und ihrer Kollegin war ihr selbst bislang nur unterschwellig bewusst gewesen. Erst jetzt spürte sie deutlich das ganze Ausmaß dieser Verquickung. Somit war sie in der Lage, ihr Befinden besser zu verstehen. Wohlgemerkt – damit ist keine Schuldverteilung an die „böse" Kollegin vorgenommen. Karin konnte lediglich ihre persönliche Reaktion auf diese Person kennen lernen. Es ist nun an ihr, zu entscheiden, wie sie diese Erfahrung nutzt. Vielleicht führt sie ein klärendes Gespräch, möglicherweise nimmt sie den Fehdehandschuh des Konkurrenzkampfes auf, oder aber sie versucht bei sich selbst zu erforschen, was eigentlich an einer solchen Situation so verletzend für sie ist.

Erkenntnisse in die Praxis umzusetzen schließt sich als dritter Schritt folgerichtig an die Schritte eins (Wahrnehmen) und zwei (Verstehen) an. Um Ihnen hier bereits ein wenig Mut für überfällige Veränderungen zu machen (mehr dazu im Kapitel „Rückenstärkung"), lasse ich Sie an einem dramatischen Moment einer Coaching-Sitzung teilhaben. Es war die vierte Stunde einer Beratungsreihe mit einem niedergelassenen Arzt, an der erstmals auch seine Ehefrau teilnahm. Er hatte sich dazu durchgerungen, ihr in meiner Anwesenheit mitzuteilen, dass er so nicht mehr weitermachen wolle und könne. Die Notwendigkeit einer grundlegenden Revision seiner Tätigkeit war ihm unausweichlich bewusst geworden – allein die Angst vor den Reaktionen seiner Familie hatte ihn bislang durchhalten lassen. Die bevorstehende Bekanntgabe erfüllte ihn mit ziemlicher Panik, weshalb er diesen Schritt gern unter meiner Begleitung (und Rückenstärkung) gehen wollte.

Nachdem die Beichte in der Sitzung heraus war, geschah etwas für ihn völlig Unerwartetes: mit eindrucksvollen Zeichen der Erleichterung fiel ihm seine Frau um den Hals und sagte: „Du glaubst gar nicht, wie glücklich Du uns machst. Die ganze Familie leidet seit langem unter Deiner körperlichen und geistigen Abwesenheit, wir schleichen quasi nur noch übervorsichtig um Dich herum und haben uns nie getraut, Dich darauf anzusprechen, weil wir immer gedacht haben, Du würdest uns nur mürrisch abbügeln. Unser Eindruck war, dass deine Praxistätigkeit Dein Ein und Alles ist, an dem niemand rühren darf."

15. Mit dem inneren Rhythmus leben

Unser Universum funktioniert rhythmisch. Über Jahrmilliarden hinweg dehnt es sich aus und wird irgendwann einmal – einer von verschiedenen Theorien zufolge – wieder in sich zusammenfallen. Sommer und Winter, Tag und Nacht, Ebbe und Flut lassen uns unentwegt die mächtigen rhythmischen Bewegungen der Welt und deren Konsequenzen spüren. Auch am eigenen Leibe können wir die Rhythmik des Lebens wahrnehmen: der regelmäßige Herzschlag, die Menstruation, Wachen und Schlafen.

Für viele andere rhythmische Abläufe in unserer Psyche und unserem Körper ist unsere Antenne von Mensch zu Mensch unterschiedlich ausgeprägt. Manche Personen registrieren ihre inneren Hochs und Tiefs äußerst feinfühlig, andere wiederum pflügen ungestüm über die eigenen Körpersignale hinweg. Und passt die Botschaft von innen überhaupt nicht in den Arbeitsalltagskram, wird schon mal probiert, den Rhythmus medikamentös umzustellen. So merken die einen kaum ihren Pausenbedarf, während andere sich die Arbeit, wenn irgend möglich, sinnvoll portionieren. Meist sind die Pausen festgelegt, und wir erlauben uns kaum zu prüfen, ob sie so zu unserem organismischen Bedürfnis passen.

Im Falle einer guten Burnout-Prophylaxe sprechen wir heutzutage auch von einem gesunden Belastungs- und Erholungsmanagement. Menschen, die auszubrennen drohen, sind nicht selten „Rhythmus-Sünder". Sie merken nicht, wann sie heißlaufen und versäumen, rechtzeitig für Kühlung zu sorgen. Sie versuchen, sich ihren eigenen künstlichen Rhythmus zu schaffen und scheren sich nicht darum, ob er mit den natürlichen Schwingungen in Einklang zu bringen ist. Sie akzeptieren wie selbstverständlich einen Einheitsrhythmus und passen sich diesem an, solange es gut geht. Nur – es geht eben selten auf Dauer gut.

Bei meinen Saunabesuchen erstaunt mich immer wieder, wie viele Personen sich die angemessene Schwitzdauer von der vorher eingestellten Sanduhr bestimmen lassen, statt die körpereigene Rückmeldung als Richtwert anzunehmen. Gejoggt wird dann, wenn der Arbeitsplan es zulässt, und nicht, wenn der körpereigene Rhythmus eben genau dafür die meisten Energien zur Verfügung stellt. Und bei der Planung verschiedener Erledigungen vergisst man ganz einfach, die notwendigen Pausen zu berücksichtigen.

Die beschriebenen Verhaltensweisen haben wir früh gelernt. Viele von uns wurden ja von Kindheit an häufig dahingehend trainiert, organismische Bedürfnisse externen Notwendigkeiten unterzuordnen, also, wie in den vorangegangenen Kapiteln beschrieben, die Antenne nach außen auszurichten. Im Rahmen der hier beschriebenen Thematik heißt das, wir sind dressiert darauf, äußeren Zeitvorgaben und -abläufen mehr Gewicht zuzumessen als unseren (Bio-)Rhythmen. Ohne den prinzipiellen sozialen und emotionalen Wert von Ritualen in Frage stellen zu wollen, seien hier einige Beispiele genannt: Essen gab es, wenn „es Zeit dafür ist", also vor dem Verlassen des Hauses, in der Schulpause, zum Zeitpunkt, wenn der Vater von der Arbeit kommt oder einfach nur dann, wenn das Essen fertig ist. Zu-Bett-Gehen hatte weniger mit Müdigkeit als mit einer festen Uhrzeit zu tun, gerechtfertigt durch den Schulbeginn am nächsten Morgen. Und Spielen (sprich: Entspannen, sich lustvoll Vergnügungen hingeben) durften viele Kinder erst, nachdem alle Pflichten erledigt waren, quasi als Belohnung dafür, dass alles weggeschafft war und eben nicht, weil ein Mensch diese Seite des Daseins ebenso nötig braucht, um in seelischer Balance zu leben.

Da etliche Menschen das Gefühl, alle Arbeit erledigt zu haben, nur selten genießen können, erlauben sie sich nur sehr karg, Freizeit und Vergnügen („Spielen") auszukosten. Wir erleben hier einen eklatanten Verstoß gegen die Rhythmik „Arbeiten – Entspannen". Genauso wichtig ist jedoch auch die Folge „Entspannen – Arbeiten"! Die innere Qual des Verstoßes gegen dieses Prinzip kennen vor allem die Trödler und Aufschieber. Sie platzieren drängende Arbeiten eher auf „morgen" und erledigen Pflichten auf den letzten Drücker. So wie man die Arbeit auf Dauer nicht mit Freude ausführen kann, wenn man am Freizeitausgleich spart, so gelingt auch das Genießen der entspannten Freizeit nicht, wenn man mit chronisch schlechtem Gewissen und panischer Angst ständig den wachsenden Berg Arbeit vor Augen hat.

Doch wir wollen wieder zu den Rhythmen des Körpers zurückkehren, die sich oft nur leise bemerkbar machen und zum Erspüren einen feinfühligen Sinn sowie eine Bereitschaft, das Wahrgenommene zu würdigen, benötigen. Ich meine damit die „Hochs" und „Tiefs", die Phasen erhöhter Leistungsbereitschaft und Ruhebedürftigkeit, die Berücksichtigung von Tagesschwankungen, Luftdruck, Temperatur und Licht, die wechselseitige Bedingung von Statik und Dynamik, von Anstrengung und Erholung.

Im jungen Forschungszweig der Chronobiologie haben Psychologen, Arbeitsmediziner und andere Wissenschaftler herausgefunden, dass unser Körper in einem 90-Minuten-Rhythmus arbeitet. Im Schlaf wechselt sich drei- bis sechsmal pro Nacht eine längere Tiefschlafphase mit einer kürzeren Traumphase ab (weswegen wir das gelegentliche Aufwachen als ein ganz normales Phänomen ansehen können). Ebenso sinkt nach ca. 1 1/2 Stunden kontinuierlicher Arbeit und Aufmerksamkeit die Fähigkeit, sich zu konzentrieren, sich etwas zu merken oder fehlerfrei zu produzieren. Wir spüren Anzeichen von Müdigkeit und gedanklichem Abschweifen, und uns unterlaufen zunehmend Fehler. Nach einer Zeit der Konzentration auf Anforderungen von außen nimmt unser Organismus sich eine Phase der Innenschau, Besinnung und des Abschaltens.

Dieser phasische Verlauf lässt sich nicht beliebig manipulieren! Kurzfristige Zuwiderhandlungen, sei es natürlicher („Wille") oder künstlicher Natur (Alkohol, Nikotin, Kaffee, Medikamente) werden langfristig von unserem Körper bestraft. Es gibt eigentlich nur eine gesunde Möglichkeit, mit diesen Erkenntnissen umzugehen: Sie hinzunehmen, mit dem Rhythmus zu leben, sich diese Gesetzmäßigkeit zum Freund zu machen und sie für sich zu nutzen.

Wollen Sie probieren, ein wenig von solchen Lebens- und Arbeitskünstlern zu profitieren, so nehmen Sie sich eine Woche Zeit, und beobachten Sie Ihre ganz persönlichen Rhythmen. Sind Sie eine Lerche, die morgens aus dem Stand heraus munter ist, oder eine Nachtigall, ein Abendmensch, der erst später in Gang kommt? Wann sind Ihre tageszeitlichen Leistungshochs und -tiefs, wann braucht der Körper eine große Mittagspause, wann die kleinen Auszeiten? Wann mag Ihr Körper bewegt werden, wann Ihr Geist? Und wenn die Rhythmik Ihrer Tätigkeit zum größten Teil festgelegt ist, welchen Ausgleich verlangen Körper und Seele während und nach der Arbeit? Sie werden bald erstaunliche individuelle Gesetzmäßigkeiten aufspüren. Wenn Sie Ihre Tätigkeit mit Ihren Rhythmen in Einklang bringen, wird eine neue Harmonie Ihre Schaffensfreude und auch Ihre Effizienz steigern. Und Sie haben einen einflussreichen Burnout-Agenten zur Strecke gebracht.

D. Kraft durch Gelassenheit

16. Stress und Ausbrennen

Gestresst fühlen Menschen sich typischerweise in einer frühen Burnout-Etappe. Die Symptome der Endphase ähneln eher einer Depression. Zahlreiche wissenschaftlich begleitete Seminare ergeben, dass Personen, die ein erfolgreiches Stressmanagement erlernt hatten, auch ihre Karriere des Ausbrennens abbiegen konnten. Die Fähigkeit zur Stressbewältigung (einschließlich der erworbenen Entspannungstechniken) scheint also für engagierte Berufstätige ein wirksamer Schutz gegen das Burnout-Risiko zu sein. Daher halte ich es für unverzichtbar, Sie mit diesem Phänomen vertraut zu machen.

„Dieser ewige Stress macht mich krank", klagt der gehetzte Abteilungsleiter in einer Teamentwicklungssitzung. „Die immer wieder spannenden Herausforderungen spornen mich an", beschreibt dessen Kollege die – von außen betrachtet – gleiche Anforderungssituation im Betrieb. Neben dem schädigenden physikalischen und chemischen Stress (genauer ausgedrückt: den Stressoren) wie Lärm, Hitze oder Gestank, der uns alle (jedoch auch unterschiedlich) beeinträchtigt, bewirkt erst die mentale Verarbeitung eines Erlebnisses oder einer Aufgabe unser Stresserleben. Stress beginnt im Kopf; oder: unsere Gedanken machen uns krank. Stress entsteht, weil wir nicht nur wahrnehmen, was mit uns und um uns herum geschieht, sondern weil wir alles permanent bewerten.

Karin und Petra bekamen auf ihre Bewerbung hin verantwortungsvolle Führungspositionen angeboten. Ganz spontan schießen die Gedanken durch Petras Kopf: „Bin ich dieser Aufgabe gewachsen? Was, wenn ich versage? Werde ich dann nicht als Niete angesehen, die sich völlig überschätzt hat?" Karin hätte am liebsten einen Luftsprung gemacht: „Was für eine Herausforderung! Eine zugegeben nicht leichte Aufgabe, aber mit entsprechender Systematik, Zeit, Unterstützung und Fortbildung kann ich es schaffen und mich wieder ein Stück weiter entwickeln."

Petra ist gestresst, Karin nicht. Stress entsteht, wenn unsere Bewertung eine Bedrohung oder Schädigung signalisiert. Dann schüttet unser Körper eine Menge biochemischer Stoffe aus, die in Gefahrensituationen in der Vorzeit nützlich zur Aktivierung für Angriff oder Flucht gewesen wären, heute hingegen eher somatische Beschwerden mit sich bringen, da keine Abreaktion stattfindet (ein Hinweis auf die Gesundheit fördernde Wirkung von Bewegung). In „stressigen

Lagen" verlieren wir den natürlichen Überblick und unsere Denk-Flexibilität, wir haben einen „mentalen Tunnelblick" – immer wieder nur auf das Problem und eindimensionale Lösungsmöglichkeiten ausgerichtet, sind gereizt und aggressiv (geraten vielleicht sogar in Panik) und ziehen uns in unser Schneckenhaus zurück. Wir können nicht mehr genügend um- und abschalten sowie entspannen und laufen Gefahr, statt aktiv unsere Probleme durch Handlung unsere Sorgen in Alkohol zu lösen.

Die psychischen Stressoren beeinflussen unser Wohlbefinden. Wir wachsen an Herausforderungen, können hingegen auch Angst vor dem Versagen empfinden. Wir können Ruhe genießen, allerdings auch Einsamkeit scheuen. Der gesunde Wettbewerb kann ungeahnte Kräfte in uns freisetzen, uns andererseits auch eine Blamage fürchten lassen. Entweder sonnen wir uns im Lob, oder wir wittern eigennützige Schmeicheleien.

Es ist also nicht nur das objektive Ausmaß einer Belastung, das uns Stress erleben lässt. Gewiss fühlen wir uns beeinträchtigt und seelisch angespannt durch Einschränkungen, Überforderungen, Enttäuschungen und Verluste, die von außen oder aus unserem Inneren herrühren. Selbstverständlich droht dem Organismus eine Schädigung, wenn zu hohe Anforderungen die Anpassungsfähigkeit eines Menschen übersteigen. Und natürlich sind die mit einem dicken Fell gesegneten Menschen wesentlich robuster und resistenter gegenüber Stress als die Dünnhäutigen, denen im wahrsten Sinn des Wortes alles gleich unter die Haut geht. Was letztlich das Stresserleben am nachhaltigsten auslöst, ist unsere Bewertung, die Bedeutung, die wir dem Stressor für uns verleihen, das Ausmaß an Bedrohung, das wir ganz persönlich erleben. Dies sind sowohl die bekannten kritischen „life events", die – wie der Tod eines nahestehenden Angehörigen – bereits bei einmaligem Auftreten schlimme Auswirkungen haben können, als auch die „daily hassles", die immer wiederkehrenden zermürbenden Nadelstiche des Alltags.

Nehmen wir die Situation des Betriebswirtes Hermann. Er arbeitet in einem größeren Unternehmen der Lebensmittelbranche. Aus einem Kreis von Mitarbeitern soll im folgenden Jahr der ausscheidende Leiter der Qualitätskontrolle ersetzt werden. Hermann hat gute Chancen. Er ist bekannt und geschätzt als fleißiger, sorgfältiger und umgänglicher Kollege. Man hat Vertrauen zu ihm und seinen Fähigkeiten. Auch er selbst traut sich den neuen Aufgabenbereich zu. Doch seit das Rennen eröffnet ist, geht es mit Hermann kontinuierlich bergab. Seine Energie lässt merklich nach, starke Herzschmerzen plagen ihn, und seine Frau rüffelt ihn zunehmend wegen des gestiegenen Alkoholkonsums.

In einem Gespräch auf einem Stressbewältigungsseminar wird recht bald deutlich: in viel höherem Ausmaß als früher empfindet Hermann gute Leistungen und die Selbstdarstellung der Mitbewerber als frustrierend; werden diese gelobt, dann jagt es bei ihm jedes Mal einen Stich ins Herz. Durch die neue Konkurrenzsituation wirken bislang unbedeutende Aspekte bedrohlich und „stressig"; den Versuch, durch aufreibenden Mehreinsatz den vermeintlichen Vorsprung der Kollegen aufzuholen, bezahlt Hermann mit einer schweren, langanhaltenden Grippeerkrankung. Erschwerend kommt hinzu, dass Hermann sich in die Vorstellung verrannt hat, ein Misserfolg seinerseits im Kampf um die neue Position würde beweisen, wie untauglich und mangelhaft er als Mensch sei.

Nicht alle Personen, die in einen Wettstreit um das Siegertreppchen eintreten, leiden unter Stress. Wer sich in einem gesunden Maß durch Konkurrenz anregen, beleben und herausfordern lassen kann, wer das zuverlässige Gefühl hat, mit der eigenen Kraft die Situation kontrollieren zu können, der wird daran wachsen. Wer hingegen wie Hermann reagiert, muss mit Misserfolg und Erkrankung rechnen.

In zahlreichen wissenschaftlichen Forschungsprojekten konnte genau aufgeschlüsselt werden, welche Formen der gedanklichen Verarbeitung Stress erzeugen und welche uns vor seelischem, und körperlichem Schaden bewahren. Menschen fühlen sich – nach Eberspächer – gestresst, wenn sie Schäden oder Bedrohungen antizipieren. Davon kennen wir vier Formen:

1. Körperlicher Schaden: eine Situation bedroht (vermeintlich) unsere körperliche Unversehrtheit. Wir befürchten Einbußen des Wohlbefindens, Krankheiten oder gar irreversible Schädigungen.

2. Materieller Schaden: eine Situation bedroht (vermeintlich) unsere materielle Sicherheit. Wir sorgen uns um finanzielle Einbußen bis hin zu einschneidenden Verlusten und sogar Verarmung.

3. Sozialer Schaden: Angst, den Maßstäben anderer nicht gerecht zu werden, sich zu blamieren und bloß zu stellen. Besonders schlimm ist die Vorstellung, im Falle des Scheiterns an einer Aufgabe vor allen anderen als völliger Versager dazustehen; wenn also der gesamte Selbstwert als Mensch an dieses Verhaltenssegment gekoppelt ist.

4. Psychischer Schaden: Befürchtung, den eigenen Maßstäben nicht zu genügen. Dies ist fast die ärgste Plage, da die Beeinflussung dieser Angst wegen der Weichheit der Realitätskriterien so unglaublich schwer ist.

Besonders anfällig sind die Personen, die in einer Herausforderungssituation sich automatisch an ähnliche Begebenheiten in der Vergangenheit erinnern, in denen sie gescheitert sind, Hilflosigkeits- und Ohnmachtserfahrungen gespeichert haben. Dazu gesellen sich die armen Wichte, die einen starken Kontrollverlust erleben und diejenigen, welche sich permanent selbst anklagen, die Problemsituation (mit-)verursacht zu haben.

Menschen erleben keinen oder nur geringfügigen Stress, wenn sie

- die Gewissheit besitzen, sie können die Intensität des Stressors beeinflussen;
- den Eindruck haben, sie vermögen die Stress-Entwicklung vorherzusehen;

- die Sicherheit spüren, die Situation kontrollieren zu können;
- die Erfahrung gemacht haben, dass ähnliche Situationen früher einmal durch Fremdhilfe oder eigene Aktivität zu bewältigen gewesen waren;
- die Gelegenheit wittern, durch autonomes Handeln eingreifen zu können;
- die Anforderung der Stress-Situation als irrelevant für die eigene Person erleben;
- die Situation als positive Herausforderung mit Entwicklungschancen der eigenen Fähigkeiten wahrnehmen.

Wer ständig hinter allen Maßstäben herhinkt, schafft sich selbst ein Gefängnis, Druck und Überlastung, also hohen Stress. Karin hingegen, die die angekündigte Veränderung als Herausforderung mit Entwicklungschancen ansieht, als ein positives Ziel, wird ausschöpfen, was in ihr steckt und mehr Lebenszufriedenheit empfinden.

Leicht gesagt, aber dennoch als Leitlinie nützlich: Stressarm lebt derjenige, der Anforderungen eher als Chance denn als Problem begreift, der eher die eigenen Stärken wahrnimmt als die Schwachstellen und der eher die eigenen Kompetenzen aktualisiert als über die möglichen negativen Konsequenzen lamentiert.

Ich möchte nachhaltig betonen, in welch engem Zusammenhang Stress, seelische Erschöpfung bzw. Zusammenbruch, Burnout und körperliche Erkrankung stehen. Selye, der Vater der Stress-Forschung, hat die physiologische Reaktionskette des Stresses in seinem „Allgemeinen Anpassungssyndrom" beschrieben (Sie werden die Parallelen zu den Phasen des Ausbrennens bemerken): In einer

Alarmreaktion stellt unser Körper sich auf einen Stressreiz ein. Er spannt die Muskeln unwillkürlich an, um nach einem uralten Verhaltensmuster anzugreifen oder zu fliehen. Diese früher sinnvolle Bereitschaft kommt heute durch unruhiges

Fußescharren, durch Zähneknirschen, Muskelverspannungen, Schlafstörungen und Spannungskopfschmerz zum Ausdruck. Das vegetative Nervensystem stellt sich ebenfalls unmittelbar auf die neue Situation ein. Hormone werden ausgeschüttet, der Blutdruck steigt, der Puls schnellt in die Höhe, und die Verbrennungsvorgänge werden beschleunigt. Wir merken das an Symptomen wie Schmerzen, Ermüdung und Unwohlsein.

Diese Stressreaktion schwächt die Immunabwehr unseres Körpers, wir sind anfälliger für Krankheiten. Neben beeinträchtigenden Gefühlen wie Ärger und Angst leiden auch unsere Fähigkeit, klar zu denken, uns zu konzentrieren und zu erinnern. Ein besonders organismisches Problem ist dadurch gegeben, dass unser vegetatives Nervensystem wie vor Tausenden von Jahren reagiert (Energiebereitstellung für Kampf oder Flucht), das Ausleben dieser Impulse heute jedoch nur noch sehr begrenzt möglich ist. Da Sie Ihrem Chef auf eine Gemeinheit hin nicht an die Gurgel springen können oder bei einer peinlichen Situation vor Kollegen nicht einfach zur Tür hinaus rennen (wer's tut, lebt gesünder!), bleibt oft nur der ungesunde Ausweg, sich etwas zu Herzen zu nehmen und auf den Magen schlagen zu lassen.

Findet die Stress-Situation ein Ende bzw. ändert sich unsere Bewertung, erholt auch der Körper sich wieder und pendelt sich im Bereich der normalen Funktionen ein. Dennoch sei hier angemerkt, dass trotz immenser Ressourcen unser Organismus eine Häufung solcher Prüfungen nicht vergisst. Jegliche Übertreibung (auch z. B. beim Sport) schwächt das Immunsystem, statt dass es dieses trainiert (andererseits wissen wir heute, dass ein durch Training gestärktes Immunsystem *der* Faktor für ein langes Leben ist ...!). Die Gefahr wächst, wenn die Regenerationsphasen zu selten sind oder zu kurz ausfallen. Der Körper hat dann von Mal zu Mal größere Mühe, Energien zum Anpassen bereit zu stellen. Steter Tropfen höhlt den Stein.

Kurzfristig allerdings hat unser Korpus die phantastische Fähigkeit, eine

Resistenzphase aufzubauen und aufrecht zu erhalten, in der durch zusätzliche Zentrierung der Abwehrkräfte einer länger anhaltenden Überdosis Stress widerstanden werden kann. Dabei wird die Gesundheitspolizei des Körpers, die für die Immunabwehr verantwortlichen weißen Blutkörperchen, langfristig abgeschwächt. Der Organismus wird aus Ökonomiegründen an einigen Organen recht dünne Verteidigungslinien akzeptieren müssen. Dadurch brechen bald physiologische Störungen auf und organische Erkrankungen sind der Preis. Während man sich am Anfang dieser Phase paradoxerweise noch leistungsfähiger fühlt, schwindet die Kondition später rasch; je nach Persönlichkeit und Konstitution werden der Magen, das Herz/der Kreislauf, das Muskelsystem oder andere Regionen angegriffen.

Die Mitmenschen erleben nun einen gereizten, ängstlichen, bedrückten oder aber auch einen künstlich hochgeputschten und unnatürlich umtriebigen Kollegen. Die Störungen und Unpässlichkeiten bringen natürlich auch eine willkommene Prophylaxe: man kann sich so mancher Verpflichtung und Termine entziehen, ja sogar sich umsorgen und bemitleiden lassen. Doch Vorsicht vor diesem faulen Handel!

Wer jetzt noch nicht durch Ausrichten der Antenne nach innen die Signale des Körpers verstanden hat bzw. sich noch nicht nach ihnen richtet, zahlt einen hohen Preis. In der

Erschöpfungsphase kollabieren die Körperfunktionen rapide. Ernsthafte, die Organe angreifende Erkrankungen zeugen von der Überforderung und dem Raubbau an sich selbst. Das Stadium der bereits eingetretenen Schädigungen lässt keine Umkehr mehr zu – wer sich jetzt erst der Stress-Situation entzieht, kann gerade noch Schadensbegrenzung betreiben und sich vor einem Zusammenbruch des gesamten Organismus retten.

Die Ergebnisse der Stressforschung lassen uns die körperlichen Begleiterscheinungen des Ausbrennens verständlicher erscheinen. Wir begreifen, dass man physiologischen Gesetzen nicht beliebig zu trotzen vermag. Vielleicht fühlen Sie sich ermutigt, Ihr Leben mehr in einen Einklang mit diesen Tatsachen zu bringen. Außerdem konfrontieren die Befunde uns eindrucksvoll mit der Subjektivität des Ausbrennens. Ein Mensch erlebt sein ganz persönliches Gestresstsein auf dem Hintergrund seines Denkens und seiner Erfahrungen sowie der gegebenen Situation. Nur eine umfassende Berücksichtigung und Würdigung aller Aspekte kann zu einer ganzheitlichen und Erfolg versprechenden „Burnout-Kur" führen.

17. Entspannung zulassen und erlernen

Der größte Sinnengenuss ... ist ... Ruhe nach der Arbeit.
Der Hang zur Ruhe ohne vorhergehende Arbeit ...
ist Faulheit!
Immanuel Kant

Hand aufs Herz – sind Sie in der Lage, spontan eine Ihnen zur Verfügung stehende Möglichkeit zu nennen, mit der Sie sich wirklich entspannen können? Und, mindestens genauso wichtig, wenden Sie diese Methode mehr oder weniger regelmäßig an oder führen Sie eine solche Tätigkeit wirklich durch? Besitzen Sie die Fähigkeit, sich in einer Krisensituation von körperlicher und seelischer Anspannung zu befreien und locker zu werden? Wie lange liegt es zurück, dass Sie das Gefühl verspürten, einmal vollkommen abgeschaltet und losgelassen zu haben?

Unser Alltag verführt uns viel leichter zu gegenteiligem Verhalten und Empfinden. Eine Flut von spontanen Reaktionen erhielte ich, wenn ich Sie fragen würde: Was löst in Ihnen Anspannung und sogar Verspannung aus? Wie oft begeben Sei sich in solche Situationen? Wann fühlten Sie sich das letzte Mal so richtig unter Druck?

Zu einem engagiert angegangenen Arbeitstag mit Aufgaben, die fordern, gehören Empfindungen wie Stress, Druck,

Anspannung und Ärger. Der Umgang mit Kollegen, Kunden, Klienten, Patienten, Schülern usw., die uns als eigenständige Persönlichkeiten mit eigenem Willen begegnen, steht unweigerlich in Verbindung damit, auf einer Position zu beharren, Zähne zusammenzubeißen, die Faust in der Tasche zu ballen oder die Luft anzuhalten.

Allerdings belasten wir dadurch nur die eine Seite der Lebenswaage. Wollen wir Stresserkrankungen und berufliches Ausbrennen vermeiden oder die bereits vorhandenen Symptome lindern, benötigen wir ein Gegengewicht auf der anderen Seite, um die Wippe in einer Balance zu halten. Diese Gegenspieler heißen: Umschalten, Abschalten, Loslassen, Durchatmen, Sich-selbst-Vergessen sowie körperliches, seelisches und geistiges Entspannen. Oder wie John Steinbeck konstatiert: Die Kunst des Ausruhens ist ein Teil der Kunst des Arbeitens. Genauso, wie wir ein gerüttelt Maß an Anspannung, Forderung und Stress benötigen, braucht unser Organismus eine gesunde Dosis Gelassenheit, Ruhe und Entspannung. Erst eine ausgewogene Mischung gewährt ein erfülltes Leben. Während niedergedrückte Menschen oft durch gesunde Anforderungen aus ihrer Lethargie befreit werden können, wirken Entspannungselemente Wunder bei Personen, die in ihrem beruflichen Laufrad dazu verurteilt scheinen, unentrinnbar einem Herzinfarkt entgegenzuhetzen.

Wenn Sie nicht zu denjenigen gehören, die eher an Unterforderung leiden oder deren Ausbrennen mehr mit der Eintönigkeit am Arbeitsplatz einhergeht, sondern zu den arbeitenden Menschen, deren Druck- und Anspannungsseite der Wippe schwer und einseitig zu Boden geht, dann möchte ich Sie mit der heilsamen Kraft der ganzheitlichen Entspannung vertraut machen.

Beginnen wir mit dem Umschalten. Für die „kleine Pause zwischendurch" hat sich das „Schleusenkonzept" bewährt. Im heutigen Zeitalter des „Multitasking" und des hektischen und oft nahezu übergangslosen Nacheinander wichtiger Aktivitäten wird die Fähigkeit Übergänge zu schaffen zunehmend unentbehrlicher. Wer den mentalen Stress der letzten Aktion, Sitzung oder eines Telefonats nicht in die nächste Situation transportieren will, braucht eine Zäsur, ein Übergangsritual, welches zeremoniell die eine von der anderen Tätigkeit separiert. Dies kann natürlich die Kurzversion einer Methode sein, wie ich sie Ihnen im Folgenden darstelle. Oft genügt jedoch schon ein Blick aus dem Fenster auf den knorrigen Baum, ein kurzer Gang vor die Tür, eine Minute vor dem Aquarium oder das beruhigende Gefühl eines „Handschmeichlers" zwischen den Fingern. Seien Sie kreativ, entdecken Sie das Passende für sich und entwickeln Sie Ihr Standard-Ritual. Sie werden spüren, wie ein solcher „Separator" Ihre Ruhe zurückbringt und die Gedanken für die vor Ihnen stehende Aufgabe klärt.

Und nun zum Entspannen. Am Anfang steht die grundsätzliche Frage: Welche Einstellung zu Loslassen, Entspannen und auch Tagträumen ist mir durch meine Erziehung eingeimpft worden? Welche Werte des Elternhauses bestimmen noch heute meine Ansicht über waches, aktives Handeln und das Recht, sich auszuruhen? Aus meiner langjährigen Tätigkeit als Psychotherapeut sind mir die Suggestionen vieler Eltern vertraut, die das entspannungs- und genussfeindliche Klima schon in früher Kindheit auf ständiges „In-Bewegung-Sein" ausgerichtet haben: „Wer rastet, der rostet", „Hättest du vor der Klassenarbeit nicht abends noch das PC-Game gespielt, wäre eine Eins daraus geworden"; „Wenn du noch den Hof fegst, hat Papi dich lieb"; „Sich regen bringt Segen"; „Träum' nicht" und so weiter. Auch der Werbeslogan: „Es gibt immer etwas zu tun – packen wir's an!" dürfte Ihnen noch in Erinnerung geblieben sein.

Erst wenn Sie sich von solchen überholten, einseitigen Einschärfungen distanzieren, ja, sie vielleicht sogar als längst überfällige Altlast belächeln und über Bord werfen können und die eingangs beschriebene Lebensbalance bejahen, profitieren Sie wirklich von den unerschöpflichen Möglichkeiten des Entspannens und Meditierens.

Viele von Ihnen werden durch so genannte „unsystematische" Entspannung Ausgleich von des Tages Unrast suchen. Sie nehmen ein wohliges Bad, lauschen Ihrer Lieblingsmusik, gehen im Wald, am Strand oder um die Ecke mit dem Hund spazieren, schalten bei ausgleichender sportlicher Betätigung ab, unternehmen eine kleine oder große Reise, besuchen eine Kino-, Theater-, Konzert- oder Opernveranstaltung, verschaffen sich ästhetischen Genuss in Museen und Ausstellungen, werkeln im Haus, ackern im Garten, geben sich einem Tagtraum hin, lesen ein fesselndes Buch, surfen ein wenig im Internet, genießen ein Glas Wein, führen anregende Gespräche mit dem Partner oder Freunden, gönnen sich eine Massage oder schwitzen den Stress in einer Sauna aus, lassen sich zärtlich verwöhnen, haben lustvollen Sex, erfrischen sich durch ein Nickerchen, versenken sich in die Beschäftigung mit Pflanzen oder Tieren, meditieren in der erhabenen Stille einer Kirche, erlauben sich, wieder einmal ausgelassen zu lachen oder mit den Kindern zu toben, finden selbst wieder zum Spielen (frei oder nach Regeln), vergessen sich und den Alltag beim Malen und Musizieren oder gehen einem anderen Hobby nach.

Falls Sie mit solchen Methoden die ersehnte Tiefenwirkung nur unzureichend erlangen oder Ihnen gerade in akuten Krisensituationen Ihre Möglichkeit nicht zur Verfügung steht, finden Sie vielleicht in dem breit gefächerten Strauß „systematischer" Entspannungsübungen und Trainings eine passende Technik für sich. Dabei gilt allerdings für die meisten Personen, dass neben einer schriftlichen Anleitung oder einer audio-visuellen Instruktion (CD oder DVD) der optimale Lerneffekt durch das persönliche Erfahren einer Methode in einer angeleiteten Gruppe zu erzielen ist.

Wie ist es jedoch zu erklären, dass einige Teilnehmer von Entspannungsseminaren geradezu schwärmen und erheblich profitieren, während andere wenig Effekte verspüren und bald entnervt aufgeben? Neben der persönlichen inneren Bereitschaft, dem eigenen Nervenkostüm und der Qualifikation des Trainers spielt die Wahl der richtigen Methode eine entscheidende Rolle. Allen Techniken gemeinsam ist zwar der angestrebte Zielzustand einer ganzheitlichen, körperlich-seelisch-geistigen Entspannung; der Weg dorthin gestaltet sich jedoch recht unterschiedlich. Sie sollten also in Ruhe vorab prüfen, ob der Zugang, das Medium, über welches der Zustand der Entspannung hervorgerufen wird, zu Ihnen passt. Wenn Sie Ihre Erfahrungen im Umgang mit sich selbst einmal kritisch prüfen, werden Sie herausfinden, dass Sie an die Wirksamkeit einer bestimmten Vorgehensweise eher zu „glauben" geneigt sind, als an die einer anderen. Lassen Sie sich ruhig von solchen Gefühlen leiten!

Ich möchte Ihnen einige Beispiele geben, die natürlich nicht alle Verfahren berücksichtigen können. Neigen Sie dazu, in kritischen Situationen den Atem anzuhalten, und merken Sie, dass ein paar tiefe Atemzüge (von denen Sie zu wenig nehmen) rasch eine gewisse Beruhigung bringen, so mag eine Form der Atementspannung genau das Richtige für Sie sein. Glauben Sie, dass Sie am nachhaltigsten von Übungen profitieren, bei denen Sie mittels Ihrer willentlichen kontrollierbaren Muskeln selbst etwas tun, so lernen Sie das Muskelentspannungstraining nach Jacobsen kennen. Erinnern Sie sich gern und wohlig an Tagträume und innere bildliche Wanderungen, sind Sie eher ein Kandidat für Methoden der Phantasiereisen und Meditation. Entspricht es Ihrer Erfahrung, durch Bewegung und Körperbewusstheit abschalten und loslassen zu können, empfehle ich Ihnen Yoga, Tai Chi oder dynamische Meditation. Können Sie sich vorstellen, mittels Autosuggestion direkt auf ihr vegetatives Nervensystem einzuwirken, so probieren Sie die verbreitete Methode des Autogenen Trainings.

Das gesamte Angebotsspektrum auf dem Markt ist von schillernder Vielfalt. Wahrscheinlich wird es durch die Möglichkeiten vor Ort für Sie bereits begrenzt. Informieren Sie sich ausgiebig über die Methode, die Qualifikation der Kursleiter und die anbietende Institution, wenn Sie bei Volkshochschulen, privaten Praxen, Ausbildungsinstituten, Krankenkassen oder sonstigen Gesundheitsinstitutionen Erkundigungen einholen. Nur entscheiden Sie sich dann auch für einen Weg, melden sich an und erlernen Sie diese Methode konsequent. Denn eines ist unstreitig wahr: die Wirkung der Entspannung ist von unschätzbarem Wert für unseren Organismus. Sie werden erleben, wie Unruhe und Erregung sich allgemein mindern, wie Ihre Belastbarkeit steigt und jene Symptome sich deutlich bessern, die durch aufreibenden Stress entstanden sind und/oder Ihre fortgeschrittene Burnout-Karriere begleiten.

Wirkliche Entspannung ist immer ganzheitlich. Sie können sich nicht in einer tiefen körperlichen Entspannung befinden und gleichzeitig ängstlich oder seelisch verspannt sein. Und wenn Sie sich seelisch völlig gelassen fühlen, wird dies sich auf körperliche Ruhe und Wohlbefinden auswirken. Es ist unerheblich, auf welche Weise Sie beginnen, Ihren Organismus zu entkrampfen, loszulassen und sich erholen zu lassen. Sie werden erleben, wie dies auf alle anderen Bereiche ausstrahlt und eine ganzheitliche Entspannung erfahren.

Ich möchte Ihnen nun drei ausgewählte Entspannungsverfahren vorstellen. Sie unterscheiden sich in der Methode grundsätzlich, bewirken hingegen vergleichbare Effekte für Körper und Seele. Sie können somit herausfinden, welche Art Ihnen persönlich am ehesten liegt, wie Sie sich angesprochen fühlen und welche Wirkung für Sie spürbar wird. Neben einigen Hintergrundinformationen gebe ich Ihnen jeweils eine konkrete Anleitung zur Vorbereitung und Durchführung des Verfahrens.

Progressive Relaxation (Muskelentspannungstraining nach Jacobsen)

Eine wirksame und wissenschaftlich überprüfte Methode liegt uns mit der Progressiven Muskelrelaxation nach Jacobsen vor. Viele Menschen können sich mit etwas Übung relativ rasch durch diese Technik in einen entspannten Zustand versetzen. Zusätzlich fördern Sie durch dieses Training Ihre Selbststeuerungs- und Konzentrationsfähigkeit, Sie erlangen mehr Sensibilität für Ihre Körpervorgänge und erfreuen sich eines positiveren Körperempfindens. Ich möchte Ihnen anhand der folgenden kurzen Anleitung die Gelegenheit geben, die körperlichen und seelischen Effekte gleich einmal an sich selbst zu erfahren.

Da zum Erwerben einer neuen Fähigkeit immer erst einmal Ruhe und Konzentration erforderlich ist, rate ich Ihnen, anfangs einen vertrauten Raum aufzusuchen und dafür zu sorgen, dass Sie nicht gestört werden. Freiheit im Kopf (kein Druck wegen des nächsten Termins) und lockere Kleidung bilden günstige Voraussetzungen. Sie können sitzen oder auch auf dem Rücken liegen, die Augen schließen oder diese auch entspannt auf einem Punkt ruhen lassen.

Das Prinzip ist ganz einfach: Die leicht und willentlich zu beeinflussenden Muskeln werden kurz angespannt, das unangenehme Gefühl dieser Anspannung wahrgenommen, und dann wird einfach sanft losgelassen und bewusst gespürt, wie sich nun mehr und mehr ein anderes, gegenteiliges Gefühl in der entsprechenden Muskelgruppe ausbreitet. Nach einer gewissen Zeit wird dies immer ein Empfinden tiefer Entspannung sein. Anfangs hingegen mögen Sie Wärme oder auch angenehme Kühle, Ruhe oder auch ein Kribbeln erleben, vielleicht auch ein Schweregefühl. Auf diese Weise entspannen Sie systematisch eine Muskelgruppe nach der anderen; zur Verkrampfung neigende Partien vorsichtiger, die anderen nachhaltiger. Das Gefühl für sich selbst kommt beim Üben, wenn Sie sich dabei aufmerksam, wohlwollend und entspannt wahrnehmen.

Überhaupt steht bei dieser Übung nicht das Machen, das Leisten, das Erreichenmüssen eines Zieles im Vordergrund, sondern das wohlwollende Wahrnehmen dessen, was geschieht. Sie können in diesem Punkt die Wirksamkeit des Trainings erhöhen, indem Sie sich vor Beginn autosuggestiv impfen wie zum Beispiel: „Ich brauche jetzt nichts zu erreichen, ich muss nicht gut sein. Gedanken und äußere Vorgänge sind unwichtig, ich lenke meine Aufmerksamkeit auf meinen Körper. Was geschieht, ist okay, ich nehme es wahr als eine Information über meine gegenwärtige Verfassung. Mein Stuhl (meine Unterlage) trägt mich sicher – ich kann loslassen."

Beginnen Sie damit, dass Sie einige Male bewusst tief ein- und ausatmen, lassen Sie die Alltagsgedanken los und spüren Sie Ihrer inneren Befindlichkeit nach. Dann ballen Sie eine Hand fest zur Faust, spüren dieses unangenehme Gefühl der Anspannung für ca. 20 Sekunden in der Hand und im Unterarm, beobachten es genau – und lassen wieder los. Sie werden merken, wie die Finger sich mehr und mehr lösen, der Unterarm sich merklich entspannt. Ein Vergleich zwischen beiden Händen mag den Effekt verdeutlichen. Oft kann man ihn bereits beim ersten Mal empfinden, manchmal sind einige Wiederholungen nötig.

Das Anspannen und Entspannen führen Sie nun Schritt für Schritt mit jeweils ca. 30 Sekunden der Ruhe und Wahrnehmung zwischendurch nacheinander bei folgenden Muskelpartien durch: eine Hand (Faust ballen), andere Hand (Faust ballen), beide Hände und Unterarme (Fäuste ballen), Oberarme (Bizeps anspannen), Gesicht (drei Übungen: Stirn runzeln, Augen zusammenkneifen und Zunge an Gaumen pressen), Nacken (Kopf gegen Unterlage drücken), Schulter (Schulter hochziehen), Rücken (Rücken gegen Unterlage drücken), Bauch (Bauchmuskeln anspannen), Po (Gesäßmuskulatur anspannen), Oberschenkel (Muskeln anspannen), Unterschenkel und Füße (zwei Übungen: Zehen vom Kopf wegstrecken, Zehen zum Kopf hinziehen).

Wenn Sie sämtliche Muskelgruppen auf diese Weise „behandelt" haben, lassen Sie die Entspannung einige Minuten einfach wirken, oder durchkämmen Sie in Gedanken noch einmal ruhig Ihren Körper, um auch die letzten Reste der übrig gebliebenen Spannung zu lösen und herausfließen zu lassen.

Um hernach wieder hellwach und erfrischt zu sein (falls Sie diese Methode nicht zum Einschlafen benutzen wollen) empfiehlt es sich, einige Male tief einzuatmen, Arme und Beine an sich heranzuwinkeln und wieder wegzustoßen und dabei gegebenenfalls mit einem hörbaren „Ah" auszuatmen. Das Atmen sollte übrigens während der gesamten Übung ruhig und gleichmäßig vonstatten gehen.

Einmal täglich zu üben reicht aus, um bereits nach wenigen Wochen das Erlebnis von spürbar tiefer und entlastender Entspannung genießen zu können. Danach sind Sie in der Lage, sich insgesamt auf einmal anzuspannen, loszulassen und den Körper während eines kurzen gedanklichen Durchgehens nahezu vollends zu entspannen.

Atementspannung

Atemtechniken sind ebenfalls von hoher entspannender Wirksamkeit. Der Atem ist die Drehscheibe zwischen Bewusstsein und Unbewusstem – automatisch funktioniert er ein Leben lang, wir können ihn jedoch auch gezielt beeinflussen. In hektischer, unausgeglichener und ängstlicher Befindlichkeit nutzen wir nur einen kleinen Teil des Atemvolumens, wir atmen schnell und nur flach. Tiefer, ruhiger und gleichmäßiger Atem ist ein sicheres Anzeichen für Ruhe, Gelassenheit und Gesundheit. Mit nur geringem Übungsaufwand können Sie durch sinnvolle Atemtechniken seelisch ruhiger und körperlich energetischer werden.

Suchen Sie sich wiederum einen ruhigen Platz und befreien Sie sich von äußeren und inneren Störungen. Das Prinzip ist auch hier ganz einfach: Sie legen eine Hand sanft auf eine der später angegebenen Körperregionen, atmen ruhig und langsam tief ein und wieder aus und stellen sich vor, Ihr Atem ströme in die Region hinein, auf welcher Ihre Hand liegt. Das wiederholen Sie zwei weitere Male, dann legen Sie die Hand wieder in den Schoß (falls Sie sitzen) und atmen drei weitere Male in diese Region hinein. Dann wechseln Sie die Stelle. Versuchen Sie dabei, die für Sie passende Art und

Intensität des Atmens zu finden. Zumindest das Einatmen sollte durch die Nase geschehen. Wenn es die Situation und Ihre innere Bereitschaft zulässt, können Sie auch geräuschvoll atmen.

Führen Sie die Übung in folgenden neun Schritten durch: 1. rechte Hand auf die Region Magen / untere Rippen, 2. Herzregion, 3. linkes Schulterblatt, 4. linke Hand auf die Region Magen / untere Rippen, 5. rechter Brustbereich, 6. rechtes Schulterblatt, 7. beide Hände nebeneinander auf die Brust, 8. beide Hände auf Magen / untere Rippen, 9. beide Hände auf den Bauch in Höhe des Nabels. Das Zurückkehren und Munterwerden am Schluss können Sie vom Muskelentspannungstraining übernehmen.

Gedankliche Entspannung

Unser Leben ist das,
was unsere Gedanken aus ihm machen.
Marc Aurel

So wie man sich muskulär verspannen und den Atem anhalten kann, sind auch gedankliche Verkrampfungen möglich. Deshalb möchte ich Ihnen als ausgewählte dritte Möglichkeit aus der Vielfalt der Techniken einige Methoden der gedanklichen Entspannung vorstellen. Unsere Gedanken üben einen mächtigen Einfluss auf unser Leben aus. Nicht erst seit Dale Carnegie wissen wir, wie Pessimisten sich „krank sorgen", Optimisten hingegen sich „gesund beten" können. Oft gehen uns, wenn wir gerade unsere Gedanken für ein wichtiges Vorhaben bündeln wollen, alle unerledigten Tagesgeschäfte durch den Kopf. Oder wir quälen uns mit lästigen, kreisenden, immer wiederkehrenden inneren Stimmen herum, wenn wir eigentlich abschalten und schlafen wollen. Die besonders Unseligen verstehen es darüber hinaus, die Kraft ihrer Gedanken dafür zu missbrauchen, einen schlimmen Ausgang ihrer Tätigkeiten durch intensive Schwarzmalerei vorweg zu planen, ein Versagen sich selbst systematisch einzusuggerieren und sich beständig in innerer Unruhe und Hektik zu halten. Und ganz gewiefte Negativ-Programmierer steigern sich in ihrer Einbildung dermaßen in eine verhängnisvolle Zukunft, dass sie sich sicherheitshalber gleich zurückziehen oder zum völlig übertriebenen Präventivschlag ausholen.

Für Strategien, sich in das Unglück zu reiten, gibt es wirksame Gegenmittel. Ihre Gedanken sind keine selbständigen Wesen, auch wenn einem das manchmal so vorkommt. Lernen Sie Ihre inneren Stimmen und Bilder zu beeinflussen und gezielt in Ihre Wunschrichtung zu lenken. Zermürbende Grübelketten, inneres negatives Selbstabwerten und düstere Zukunftsprognosen lassen sich durch systematisch eingesetzte „Stopps" unterbrechen. Hierfür ist es notwendig, dass Sie unmittelbar dann, wenn Sie sich bei einer solchen nutzlosen und schädlichen Gedankenabfolge erwischen, laut und fest „Stopp" zu sich sagen, tief durchatmen und konsequent positive und beruhigende Gegengedanken an deren Stelle setzen. Diese können allgemein entkrampfender Natur sein („Es wird alles gut werden", „Bleib' ganz gelassen", „Zu gegebener Zeit werde ich ruhig die Aufgaben erledigen", „Ich bin okay so wie ich bin" usw.) oder spezifisch einer konkreten Einstellung entgegenwirken. Erleben Sie sich beispielsweise unter Druck, alles schnellstens und perfekt erledigen zu müssen, hilft: „Ich darf mir Zeit nehmen; ich darf Fehler machen". Oder wie Seiwert empfiehlt: „Wenn Du es eilig hast, gehe langsam." Fühlen Sie sich für alles selbst verantwortlich, probieren Sie: „Ich kann anderen vertrauen; ich erlaube mir, loszulassen". Meinen Sie, Sie seien nichts wert und keiner habe sie lieb, stoppen Sie wiederum bewusst und entdecken Sie nach ehrlicher Einzelprüfung erstaunt, wie viele Menschen Ihnen im Gegenteil wohlgesonnen sind.

An diesem Beispiel wird ein weiterer wichtiger Gegengedanken-Aspekt deutlich: die Realitätsüberprüfung. Klären Sie nach einem „Stopp" ganz sachlich im Selbstgespräch, ob das, in was Sie sich gerade genüsslich hineinsteigern wollten, wirklich real ist oder nur in Ihrem Kopf stattfindet. Denn es ist doch eigenartig: Fühlen wir uns wohl und zufrieden, stehen alle Ampeln auf Grün, an der Kaufhauskasse geht es zügig voran, und die Menschen lächeln uns ins Gesicht. Sind wir schlecht gelaunt und zerknirscht, dann haben wir die rote Welle erwischt, ist natürlich unsere Kassiererin wieder die lahmste und alle Kollegen scheinen mit dem falschen Bein zuerst aufgestanden zu sein.

Nicht die anderen Menschen oder die Umstände machen uns mürbe, müde und resigniert, sondern unsere Verletzlichkeit im Kopf. Dort spiegelt sich die Wirklichkeit; und dieser Spiegel kann ein wahrer Zerrspiegel oder einfach getrübt, ja sogar blind sein. Wir denken uns ärgerlich, deprimiert, schuldbeladen und nichtsnutzig. Und wir erschaffen mittels unserer heutigen Selbstgespräche die eigene Wirklichkeit von morgen. „Wenn ich heute Nachmittag im Meeting die Marketing-Strategie vertreten soll, werden mir sicherlich wieder ein Kloß im Hals und weiche Knie einen Strich durch die Rechnung machen." Wer sich solchermaßen auf Misserfolg programmiert, wird mit großer Wahrscheinlichkeit auch tatsächlich versagen. Keinen Garant für Erfolg, aber doch eine wesentlich aussichtsreichere Strategie hält derjenige in Händen, der den inneren Dialog eher so gestaltet: „Ich kann reden; ich weiß, was ich sagen will; ich werde ruhig und gelassen vortragen und meine Hilfsmittel benutzen. Mein Selbstwert und meine Fähigkeiten hängen nicht vom Ausgang der Präsentation ab, deshalb werde ich erfolgreich sein."

Wirksame Autosuggestion und innere Vorsatzbildung fußt auf positiven Formulierungen. Ein kleines Experiment: probieren Sie doch jetzt einmal – ja, genau jetzt – nicht an einen blauen Himmel mit rosaroten Sternen davor zu denken. – Ein äußerst schwieriges Unterfangen! Sollten Sie erfolgreich gewesen sein, haben Sie sicherlich mit einem ablenkenden Gegengedanken gearbeitet, sich also bewusst auf etwas Anderes konzentriert. „Und mach' dich nicht gleich wieder schmutzig" haben Sie Ihrem Kind gerade noch nachgerufen, und schon weist die frische Kleidung eine interessante Sprenkelung nach dem Tritt in die nächste Pfütze auf. Da unser zentrales Nervensystem (unser „Unbewusstes") Verneinungen nicht „hört", also nicht direkt umsetzen kann, sondern hierfür erst ein Umschaltprozess in den jüngeren (bewussten") Hirnarealen notwendig ist, haben Sie Ihr Kind eigentlich direkt zum Sich-schmutzig-Machen aufgefordert.

Nutzen Sie dieses Wissen, so wie es das Autogene Training beispielsweise längst tut. Formulieren Sie den angestrebten Zielzustand positiv ohne Verneinungen. „Ich werde sicher an die Briefe denken" ist wirksamer als „Ich darf nicht vergessen, nachher die Briefe einzuwerfen." Oder „Ich werde die Forderungen ruhig und gelassen vortragen" führt eher zum Erfolg als „Ich darf mich nicht aufregen und verhaspeln". Dadurch programmieren Sie sich nicht nur mental auf Erfolgskurs, sondern Sie haben sich auch klargemacht, was Sie eigentlich wollen und nicht nur hypnotisch Ihr Augenmerk auf die hinderlichen Barrieren geheftet.

Und nun sind Sie eingeladen, Ihren ganz persönlichen Weg der Entspannung herauszufinden. Auf welche Weise Sie der Rhythmik „Anspannung – Loslassen" oder „Belastung – Erholung" Rechnung tragen und wie Sie gezielt Ruhe, Ausgeglichenheit und Gelassenheit herbeiführen, ist zweitrangig. Das Gewicht liegt auf Ihrer Bereitschaft, überhaupt dem Topagenten des Stress und des Ausbrennens, der An- und Verspannung, Paroli zu bieten. Vor allem allerdings: gönnen Sie sich einen wirklichen Urlaub, der Ihnen auf seine Weise zu Herunterpegeln und Umschalten (1. Woche), Abschalten, Entspannen und die Seele baumeln lassen (2. Woche) und zu tiefer Erholung und Auftanken mit neuer Energie (3. Woche) verhilft. So halten Sie Burnout im Schach.

18. Gelassen hören und reagieren

Böse Zunge und böses Ohr
sind beide des Teufels.
Deutsches Sprichwort

Menschen in einer nervlich angespannten Situation bekommen rasch etwas in den falschen Hals, wie man so schön sagt. Und wenn man bereits am Sinn der gesamten Tätigkeit zweifelt und sich aufgerieben und ausgezehrt fühlt, bringt einen schon das bekannte falsche Wort auf die Palme. Je mehr wir uns unausgeglichen, gestresst oder einer Situation überdrüssig fühlen, desto eher neigen wir dazu, etwas Anderes in Äußerungen unserer Mitmenschen hineinzulegen, als diese tatsächlich von sich gegeben haben. „Na, wenn das keine Spitze war" oder „Mit dieser Lektion wollte er mir doch nur zeigen, dass er hier der mit dem Durchblick ist", so haben auch Sie sich vielleicht schon einmal empört.

Wenn berufliche Erfolge und Anerkennung ausbleiben und wir uns selbst antreiben, fühlen wir uns auch von Bemerkungen anderer eher aufgestachelt. Menschen auf der Burnout-Leiter empfinden Aussagen von Kollegen vorschnell als boshafte Kritik oder als versteckte Aufforderung, endlich etwas Bestimmtes zu erledigen. Im seelisch angeschlagenen Zustand wittern wir hinter vielsagenden Blicken eine Verschwörung, deuten gemurmelte Wortfetzen als Klatsch über uns oder wehren wohlmeinendes Lob als berechnende Schmeichelei ab.

Zugegeben, wir alle haben unser Lieblingsohr. Unsere Partner, Freunde und besonders unsere Kinder können ein Lied davon singen. Meist kann das Missverständnis durch Nachfragen oder Wiederholen („Aktives Zuhören") zurechtgerückt werden. Fühlen wir uns hingegen unter Druck oder im Stress, steht es schon schlechter um die klare Kommunikation. Wir hören dann statt verschiedener Seiten, die eine Botschaft haben kann, zunehmend einseitig, nämlich mit unserem Stress-Ohr. Menschen in der Burnout-Krise sind für sich selbst und für andere deswegen oft nur schwer zu ertragen, weil sie ihre gesunde „Vielohrigkeit" verloren haben.

Angelika, eine berufsüberdrüssige Dozentin in der Erwachsenenbildung, litt enorm unter der mangelnden Anerkennung ihrer Fortbildungskurse. Im Team-Meeting ihres Institutes herrschte die Gepflogenheit, die Standards des Unterrichts dadurch zu wahren, dass vermeintliche Missstände aufgezeigt und kritisch durchleuchtet wurden. Positive Rückmeldungen waren eher selten. Obwohl Angelika ihre Kurse penibel vorbereitete und laut Feedback-Bögen gut durchführte und sich zudem von den Teilnehmern akzeptiert fühlte, manövrierte sie sich immer wieder in die gleiche Drucksituation: Bei informativen Nachfragen von Kollegen zu ihrem Unterricht schoss ihr das Blut in den Kopf, ihre Stimme versagte, und sie merkte, wie sie sofort hinterhältige üble Nachrede und den Versuch, ihr Unfähigkeit anzuhängen, vermutete („heraushörte"). Begreiflicherweise gerieten ihre Erwiderungen zu wahren Rechtfertigungsorgien, was natürlich wiederum die Kollegen skeptisch werden ließ und die Erwartungsangst Angelikas, eine untaugliche Referentin zu sein, der Realität ein Stückchen näher brachte.

Vom Ausbrennen bedrohte Personen, die auf diese Weise „ungesund" hören, reagieren auch unangemessen und tragen somit zur weiteren Verschlechterung des Klimas bei. Sie kreieren quasi die atmosphärische Wirklichkeit, als deren Produkt sie sich empfinden. Es ist eben immer noch wahr, dass es aus dem Wald so herausschallt, wie man hineingerufen hat. Burnout-Kriselnde werden wortkarger; die lebendigen, spritzigen Dialoge nehmen ab. Wo man früher mit einem Bonmot gekontert hätte, quält man sich nun ein vielleicht schon verletzendes Abkanzeln ab. Anspielungen, auf die vor Jahren ein entspanntes Schmunzeln die gelassene Erwiderung gewesen wäre, rufen heute eine gereizte Reaktion hervor. Liebevolle Spitzen, die vormals von uns mit viel Humor genommen worden wären, können wir nur noch mit blankem Zynismus kontern.

Schulz von Thun beschreibt recht anschaulich, dass jede Botschaft der zwischenmenschlichen Kommunikation über vier Seiten verfügt, dass wir, wenn wir wollen, mit vier verschiedenen Ohren zu hören in der Lage sind. Wir können ein und dieselbe Mitteilung (z. B.: „Die Kollegin Karin hat gestern bis halb zehn gearbeitet.") hören als:

- sachliche Information (Erfassung der Stunden);
- Aussage auf der Beziehungsebene („...: im Gegensatz zu dir, der immer überpünktlich das Büro verlässt");
- Appell („Du solltest dich etwas mehr für die Firma ins Zeug legen");
- Selbstkundgabe („Ich beneide Karins Energie").

Wohlgemerkt: *Gesagt* wurde nur der erste Satz, alles andere waren Beispiele dafür, was man in Abhängigkeit von Stimmung, Beziehung, Situation, Tonfall, Mimik etc. als Empfänger heraushören kann. Prinzipiell steht es uns also frei, wahlweise den rein inhaltlich-sachlichen Informationsgehalt, einen kritischen Vorwurf, eine Aufforderung oder eine Mitteilung über die innere Befindlichkeit des „Senders" zu verstehen.

Verständlicherweise wird unsere Reaktion in Abhängigkeit vom jeweils auf Empfang gestellten eigenen Ohr ausfallen. Personen, die halbwegs im Einklang mit sich leben, sich nur wenig gestresst fühlen und nicht ausgebrannt sind, können diese Kommunikationsaspekte voneinander unterscheiden und hören das, was tatsächlich gesagt und gemeint war. Sie reagieren sachlich oder kümmern sich gegebenenfalls um Motive und Befinden ihres Gegenüber. Von beruflichem Überdruss bereits angenagte Menschen, deren inneres Gleichgewicht aus der Balance geraten ist, fühlen sich rasch angegriffen, hören überall einen (giftigen) Bezug zu sich heraus und leben unter dem Eindruck, alle wollten sie manipulieren.

Erlauben Sie sich doch einmal folgendes Experiment: Nehmen Sie sich in Gesprächen ein wenig mehr innere Zeit für

Ihre Reaktionen auf Ihre Mitmenschen. Bevor Sie in die Luft gehen oder Ihr Gegenüber innerlich würgen, sollten Sie einige Male tief durchatmen und sich fragen: Was hat die Person, sachlich genommen, genau gesagt? Wie mag sie sich jetzt dabei wohl fühlen? Bin ich sicher, schiefe Zwischentöne gehört zu haben? Ist mir meine eigene Reaktion vertraut? Wie fühle ich mich eigentlich zurzeit in meinem Leben? Im Zweifelsfalle kann es inneren Freiraum schaffen, sich mit einer sachlichen Rückfrage zu vergewissern. Sie haben dann die völlige Freiheit, zu entscheiden, ob Sie sachlich erwidern, ihr Gegenüber verstehen oder Ihren eigenen Gefühlen Luft machen wollen.

Neben dem sorgfältigen und angemessenen „Hören" empfiehlt sich gerade in angespannten Situationen ein aufmerksames „Sprechen". Je klarer Sie Ihr Anliegen formulieren, desto weniger laufen Sie Gefahr, missverstanden zu werden. In entspannter und positiv gestimmter Atmosphäre tragen Doppeldeutigkeiten und Anspielungen zwar zur humorvollen und flirtigen Stimmung bei; herrscht hingegen Krisenstimmung, lassen Sie besser die Finger von derlei Sprengsätzen. Wenn Sie über reine Informationen hinaus persönliche Botschaften weitergeben wollen, rate ich Ihnen, Kritik deutlich auf das zu bemängelnde Verhalten zu beziehen, Wünsche klar an den Adressaten zu richten und so aufrichtig wie für Sie vertretbar die eigene Befindlichkeit zum Ausdruck zu bringen.

Wohlvertraut mag Ihnen auch das Gefühl vorkommen, eine halbe Stunde nach einer brenzligen Situation in viel gelassenerer Stimmung genau zu wissen, wie Sie am besten hätten kontern können, mit welcher ruhigen und sachlichen oder auch emotionalen Reaktion Sie am ehesten Souveränität bewiesen hätten. Ist der Frust oder Zorn erst einmal verraucht, steigt die Bereitschaft zu erwägen, was der andere wirklich gesagt und gemeint haben könnte. Und Sie können erkennen, mit welchem übergroß aufgerichteten Ohr Sie das Gras wachsen hörten. Bedauern Sie dann bitte nicht Ihre mangelnde Spontaneität, sondern nutzen Sie Ihre Nachbesinnungsfähigkeit und schreiben Sie alle Ihre Ideen genau auf. Zu Papier gebrachtes Verstehen des eigenen und des „gegnerischen" Verhaltens sowie „Trockenübungen" Ihrer angestrebten Wunschreaktion mit Kollegen, Freunden oder Partner schulen und stärken Ihre Möglichkeiten, beim nächsten Mal gesünder zu hören und zu antworten. Als kleine Hilfe empfehle ich Ihnen den Schlagfertigkeits-Ratgeber von Pöhm (siehe Literatur).

Langfristig, so bestätigt die Erfahrung immer wieder, gelangen Sie mit einer offenen und ehrlichen Kommunikation am wirkungsvollsten an Ihre Ziele. Zunehmend werden in Rhetorik-, Management- und Kommunikationstrainings Werte wie „Natürlichkeit", „vertrauensvolle Offenheit", „Authentizität" und „Humor" besonders betont. Lebendige Gespräche erhalten die Freude an den Mitmenschen und an der Arbeit. Eine vergiftete zwischenmenschliche Atmosphäre öffnet Missverständnissen, Magenbeschwerden und dem Ausbrennen Tür und Tor.

E. Die Persönlichkeit entwickeln

19. Selbstlosigkeit und Selbstwert

Ulrike ist zwar etwas chaotisch und verzettelt sich hin und wieder, vom Ausbrennen ist sie allerdings noch nicht bedroht. Heute wirkt sie ziemlich gehetzt und abgespannt. Während des gesamten Tages bekam sie auf eine bemitleidenswerte Art und Weise ihre Arbeit nicht recht geregelt. Als sie nachmittags an die Kollegin Sabine herantritt, erfährt diese die Hintergründe: „Ich hab' mich mit meiner Zeitplanung völlig vertan. Heute Abend kommt meine Mutter zu Besuch, ich muss noch einkaufen und einen Haufen Mails beantworten. Wie ich den Vorgang Firma Meyer, der bis morgen abgeschlossen sein sollte, da noch unterbringe, weiß ich überhaupt nicht. Könntest du das nicht für mich erledigen? Dann bekomme ich alles andere noch in den Griff; ich raste sonst womöglich aus."

Ob Sabine burnoutgefährdet ist, wird sich an ihrer Entgegnung ablesen lassen. In ihr wird sich nun vermutlich in rasanter Abfolge ein bunter Reigen an Gefühlen, Erwägungen und Bildern abspulen, was, in einem Selbstgespräch ausgedrückt, sich etwa so anhören könnte: „Ach die Arme, ich mag sie, und deshalb bin ich natürlich bereit, ihr etwas abzunehmen. Andererseits habe ich gerade heute vorgehabt, sehr pünktlich zu gehen, weil ich mit meinem Freund zum Kino verabredet bin. Wenn ich jetzt ja sage, wäre mein Gewissen ruhig. Aber ich würde mich ziemlich unzufrieden fühlen, denn den Film müsste ich sicherlich für heute drangeben. Antworte ich nein, erlebte ich wie geplant einen schönen Abend. Nur würden mich Schuldgefühle plagen. Darf ich in dieser Notsituation mein Wohlbefinden der Unterstützung meiner Kollegin voranstellen? Ist das nicht egoistisch? Aber handelt es sich hier überhaupt um eine Notsituation? Bin ich verpflichtet, ihr Planungschaos auszubaden?" Und so weiter und so weiter.

Wenn Sie ohne genaue Prüfung der Situation und Abwägung der Bedürfnisse und Notwendigkeiten dazu neigen, erst einmal automatisch einem solchen Ansinnen nachzukommen, lasten Sie sich möglicherweise mehr auf, als tatsächlich gut für Sie wäre. Oft hindert nicht nur die anerzogene Höflichkeit, sondern ein angeknackstes Selbstwertgefühl und ein ungesunder Schuldkomplex Menschen daran, eigene Bedürfnisse und Ressourcen für genauso wichtig zu erachten wie Anliegen anderer Menschen. Manche ersehnen sich durch ungeprüfte Unterstützungszusagen eine harmonische Beziehung oder möchten einfach nur von allen liebgehabt werden.

Zwischen dieser Haltung und dem Ausbrennen besteht eine enge Verbindung. Berufliche Enthusiasten investieren und übernehmen anfangs viel, ohne sich davon beeinträchtigen zu lassen. Erst nach Jahren des „Ja-sagens" bemerken sie das wachsende Defizit und erwarten einen emotionalen Rückfluss. Diesen erhalten sie allerdings vom Kunden und Patienten nur selten in ausreichendem Maße. Sie spüren das ungesunde Ungleichgewicht, das so typisch für das Ausbrennen ist. Die Balance von Geben und Nehmen ist ins Trudeln geraten. Enttäuschung, Verbitterung, Zynismus und Rückzug sind die Folge – eben jene typischen Alarmsignale des beruflichen Überdrusses. Nun sitzt man in der Falle: Entweder schreibt man die zehrende Wirkung der Selbstlosigkeit fort und brennt vollends aus, oder man verfällt ins Gegenteil des trotzigen Ablehnens und muss sich mit der permanent dicken Luft herumschlagen.

Wer dem Ausbrennen entgehen möchte, benötigt ein gerüttelt Maß an Selbstsicherheit, den eigenen Standpunkt und die eigenen Bedürfnisse rechtzeitig durchzusetzen. Wenn man dem Wunsch eines Anderen nachkommt, dann muss das in jeder Situation von einer bewussten Entscheidung hierfür getragen sein und nicht durch einen anerzogenen Anstandsreflex zustande gekommen sein. Zwar genießt man vordergründig etliche Vorteile dadurch, ständig verfügbar zu sein, anderen Arbeit abzunehmen und zu helfen, wo man kann. Doch seien wir ehrlich: Innen drin nagt ein Rest Groll und Unzufriedenheit, in manchen stillen Stunden spüren Sie die negative Bilanz, Ihr Körper wird anfälliger durch die Überforderung, und der Unmut, dem das große Entlastungstor verschlossen bleibt, pfeift beißend durch die Ritzen. Das vergiftet die Atmosphäre.

Das Arbeitsleben gesund zu meistern heißt, kritischen Abstand zu beengenden Regeln, Normen und formelhafter Höflichkeit wahren zu können. Erst wenn wir nicht mehr Gefangene unseres Helferreflexes sind, können wir aus der Distanz heraus beurteilen, was wir übernehmen können und wollen, wofür wir uns verantwortlich fühlen müssen und ebenso, welche Ansinnen wir abschlägig bescheiden möchten. Dazu gehört eine innere Überzeugung, selbst genauso viel wert zu sein wie Freunde, Kollegen und Vorgesetzte, Rechte im Leben zu haben und Verantwortung für sich selbst und nicht für andere übernehmen zu müssen (gerade diejenigen Berufe, in denen man professionell Verantwortung für andere zu übernehmen hat, wie jegliche Form der Pflege, sind stark vom Ausbrennen gefährdet)!

Oft macht die eigene Erziehung uns einen Strich durch die Rechnung. Neben dem unterentwickelten Selbstwertgefühl, das andere prinzipiell wertvoller erscheinen lässt als einen selbst, ist vielen Menschen (besonders gefährdet: Frauen) antrainiert worden, sich als schuldig zu empfinden, wenn sie jemanden hängen lassen, etwas ablehnen oder auch auf einem eigenen Standpunkt bestehen. Um noch ein Restchen Eigenständigkeit zu bewahren, müssen diese Personen sich ständig „ent"schuld(ig)en bzw. sich „recht"fertigen. Der Konflikt zwischen natürlichen inneren Rechtsansprüchen einerseits und dem Nachgeben gegenüber den Fremdrechten andererseits macht anfällig für das Auszehren in der Burnout-Karriere.

Viele Kinder sind in dem Gefühl aufgewachsen, nur dann der elterlichen Liebe sicher zu sein, wenn sie in erster Linie auf deren Belange Rücksicht nahmen und die eigenen Bedürfnisse nachrangig behandelten. Und sie wurden schon früh mit Lob bedacht, wenn sie ihren Mitmenschen rücksichtsvoll und zuvorkommend die Wünsche von den Augen ablasen. Manche haben gar zu spüren bekommen, dass an sich selbst zu denken abgrundtief schlecht sei, dass sie sich zu schämen hätten, wenn sie sich das größte Stück Kuchen zuerst nähmen und dass sie schließlich von Gott nur bei Selbstlosigkeit und übertriebener Nächstenliebe akzeptiert würden.

Von all diesem Ballast sollten Sie sich rasch befreien! Natürlich heißt das nicht, einem rigorosen Egoismus das Wort zu reden. Zum Glück finden wir in dieser Ära der eher egosüchtigen Selbstverwirklichung noch viele Pflänzchen der Nächstenliebe und des sozialen Engagements. Es ist allerdings an der Zeit, eine ausgewogene Balance zwischen Altruismus und Egoismus herzustellen. Um langfristig mit Freude (auch gerade mit und für Menschen) arbeiten zu können, müssen wir uns selbst mit unseren Bedürfnissen so ernst nehmen, dass wir fremden Beeinflussungs- und Manipulationsversuchen nicht aufsitzen. In der Welt der Meinungen, Wünsche und Ansprüche existiert kein „Richtig" und kein „Falsch". Wir sind angehalten, unsere persönlichen Positionen ständig aufs Neue auszuloten und diese mit unserer Bereitschaft, Standorte der anderen zu berücksichtigen, abzustimmen.

Wir haben die große Chance zu lernen, dass einen Wunsch abzulehnen nicht automatisch bedeutet, die ganze Person abzulehnen bzw. als Mensch selbst abgelehnt zu werden („Wenn du mir das Geld nicht leihst, weiß ich nicht, ob du noch mein Freund bist"). Und wir sollten uns immer wieder vergegenwärtigen, dass unser (Selbst-)Wert absolut unabhängig von unserer blinden Gefälligkeit und Willfährigkeit ist. Schulen Sie dahingehend Ihre Sensibilität! Dabei kann folgendes hilfreich sein:

- Prüfen Sie jedes Ansinnen genau: Möchten Sie einem Wunsch wirklich nachkommen? Oder treibt Sie nur das schlechte Gewissen? Wovor hätten Sie bei einer Ablehnung Angst?
- Installieren Sie zwischen einer Anfrage und Ihrer Reaktion einen Zeitpuffer als festes Ritual („Ich habe Deinen Wunsch gehört; ich sage Dir in einer halben Stunde/morgen Bescheid")
- Sagen Sie rechtzeitig „Nein!", bevor das Fass Ihrer halbherzigen Zusagen überläuft und Sie sich an unangebrachter Stelle nur noch mit trotzig aggressiver und schroffer Ablehnung retten können.
- Vermeiden Sie versuchsweise eine Zeitlang, die eigenen Handlungen und Meinungen (bzw. deren Änderungen) zu rechtfertigen.
- Bleiben Sie bei diesen Projekten beharrlich. Wir nennen diese Technik „Schallplatte mit Sprung". Wiederholen Sie

ruhig und bestimmt Ihre Auffassung und lassen Sie sich nicht auf neue Kampfplätze ein. So widerstehen Sie am ehesten Versuchen, Ihnen Schuldgefühle einzureden, Sie immer wieder zu neuen Erklärungen zu verleiten und Ihr „Nein" aufzuweichen.

Damit Ihr Einsatz für Sie und für Andere langfristig gewährleistet bleibt, nehmen Sie sich ab heute selbst wichtiger. Wenn eine Passagiermaschine auf dem Flughafen von den Gates zur Startbahn rollt, werden Ihnen vor dem Abheben die Sicherheitsinstruktionen vom Kabinenpersonal bzw. auf dem Monitor erläutert. Auch hier heißt es sinngemäß: Bei Druckabfall in der Kabine fallen Sauerstoffmasken von der Decke herab. Ergreifen Sie diese und setzen Sie sich eine Maske auf Ihr (!) Gesicht. Danach (!) versorgen Sie Ihre Mitreisenden.

20. Sinn finden, Ziele klären

Wenn man nicht weiß, in welchen Hafen
man segeln will, ist kein Wind der Richtige.
Seneca

Bereits vor 2000 Jahren kam der römische Philosoph zu dieser weisen Erkenntnis. Für alle werktätigen Landratten bedeutet dies: Solange wir weder das Ziel für den heutigen Tag, noch dasjenige für unser Leben ausgekundschaftet haben, treiben wir als Spielball der Winde und äußeren Einflüsse lustlos und unzufrieden dahin. Je weniger geklärt ist, wohin man gelangen möchte, desto schwerfälliger kommt man in Gang. Menschen, die ihre Ziele präzise anvisieren, begeben sich mit mehr Energie und weniger Reibungsverlusten auf den Weg und kommen schwungvoller auf ihm voran. Vor allem aber erreichen sie schließlich auch das, was sie sich selbst gewünscht haben und wofür sie von den Kollegen beneidet werden.

Beim Punkt der wirklichkeitsnahen Zieldefinition tun sich vom Ausbrennen bedrohte Menschen oft schwer. Gerade Personen, die sich selbst für wertloser halten als ihre idealistischen Vorhaben, neigen dazu, ihre Ziele unrealistisch hoch zu schrauben. Und da sie sich mit wenig Flexibilität stur an ihnen festklammern, merken sie nicht rechtzeitig genug, wann sie ihren Kurs und ihre Ansprüche korrigieren müssten.

Im Einzelnen haben wir es hier mit folgenden Unglücksraben zu tun: Da gibt es wieder die Zauderer, die eine prinzipielle Abneigung dagegen entwickelt haben, sich irgendwie festzulegen. Sie werden ihre Talente nie zu voller Blüte entfalten können. Oder die Phantasten, die ein in weiter Ferne liegendes Maximalziel ohne Zwischenstation, Geduld und Änderungsbereitschaft im Fluge erreichen wollen. Sie werden entweder nie ankommen oder wegen des immensen Einsatzes unterwegs dann am Ziel keine Befriedigung mehr verspüren. Unglücklich machen sich auch die Verzettler, welche viele verschiedene Ziele am liebsten gleichzeitig erfüllt haben möchten.

Um diesen Druck zu mindern, ist es ratsam, Ziele für sich lediglich als Richtungsweiser, als Motivation überhaupt loszugehen, zu verstehen, und nicht als ein unverrückbares Festlegen für alle Ewigkeit. „Der Weg ist das Ziel" heißt es bekanntermaßen bei bewussten Genießern von Reisestationen. Da wir allerdings ohne eine vorherige Ausrichtung unserer Schritte kaum mehr als umherirren können, brauchen wir Orte, an denen unsere Wege ankommen können. Diese grundlegende Orientierung ist es, die unsere gesunde und kreative Kraft zur Entfaltung bringt. Nicht umsonst spötteln Verfechter einer klaren Linie: „Wer nach allen Seiten offen ist, kann nicht ganz dicht sein". Damit verbieten wir uns nicht, an interessanten Weggabelungen zu plötzlich attraktiver erscheinenden Zielen abzubiegen und diese stattdessen anzusteuern. Unterlassene Zielstrebigkeit verhindert zudem die tiefe Befriedigung durch eigene Anstrengung zum Erfolg gelangt zu sein. Wir können den Stolz, angekommen zu sein, nicht vollends auskosten.

Ein ganz besonders großes Risiko auszubrennen trifft diejenigen Menschen, die sich in der Mitte ihres Lebens mit der Erkenntnis konfrontiert sehen, dass ihre vermeintlich klaren Ziele nicht ihren wirklichen eigenen Bedürfnissen entsprechen, sondern dass sie einem von fremder Hand geschriebenen Lebensdrehbuch gefolgt sind. Manche mögen einer offenen oder auch heimlichen Familientradition entsprochen haben („in unserer Familie sind alle Ärzte", „nur als Beamtin hast du wirkliche Sicherheit"), andere leben einen unbewussten Auftrag (so musste eine Sozialpädagogin als Kind bereits regelmäßig ihren behinderten kleinen Bruder betreuen und erlebte diese Situation als Quell der Bestätigung durch ihre Eltern). Wieder andere wurden dahingehend beeinflusst, bestimmte persönliche Vorlieben einfach zu ignorieren, da diese ihren Eltern nicht gefielen und sie Gefahr liefen, deren Liebe zu verlieren.

Beginnen Sie doch einmal damit, Ihre persönlichen Wünsche für Ihr Leben zu Papier zu bringen. Lassen Sie sich ruhig Zeit dabei. Welche Personen spielen eine wichtige Rolle in Ihrem Lebensplan (Sie selbst, Partner, Kinder, Freunde, Kollegen, Kunden/Patienten, etc.)? Welche Lebensbereiche sollen zum Tragen kommen (Arbeit, Familie, Hobby, Sport, Reisen, Kultur, Spiritualität etc.)? Welche Werte sind wesentlich (Erfolg, Anerkennung, Entspannung, Gefordertwerden, Genuss, Leiden, Gesundheit, Leistung, Gemeinsamkeit, Wichtigsein, Sinnfindung, Berühmtheit, Sicherheit, Dankbarkeit anderer, Reichtum, Macht, Freiheit etc., etc.)?

Unterziehen Sie die Relation zwischen ersehntem und angestrebtem Ziel einerseits sowie der tatsächlichen, realistischen Machbarkeit (in der Ihnen verbleibenden Zeit) andererseits einer schonungslosen und ehrlichen Prüfung. Lieber ein Erwachen mit Schrecken jetzt, wenn eine Kurskorrektur noch mit Ihrer Zeit, Ihren Reserven und Möglichkeiten vereinbar ist, als eine enttäuschte und verbitterte Bilanz am

Ende eines unbefriedigenden und alptraumbeladenen Dahindümpelns an einer unvertrauten und ungeliebten Küste, an der Sie wegen Motorinfarktes zufällig gestrandet sind.

F. Frische Quellen der Lebensfreude

21. Genießen

Watzlawick beschreibt in seiner „Anleitung zum Unglücklichsein" das inoffizielle Motto aller Puritaner: „Du darfst tun was du willst, solange es dir keinen Spaß macht." Wenn man manche verbissenen Gesichter bei der Arbeit (und auch bei der Freizeitgestaltung) beobachtet, beschleicht einen das Gefühl, Lachen sei ein Zeichen von kindischem Verhalten und Humor ein Indiz für Unernsthaftigkeit. Freiheit und Unbeschwertheit scheinen spätestens beim Pförtner abgegeben worden zu sein. Wer enthusiastisch und freudig arbeitet, wird rasch des Workaholismus oder der Schleimerei bezichtigt. Dabei paart Ernsthaftigkeit sich viel gesünder mit Humor als mit Verbissenheit.

Den Ausgebrannten erkennt man nicht zuletzt daran, dass im Gegensatz zum Tätigkeitsbeginn nichts mehr so recht Freude bereitet. Die ersten Anzeichen dafür treten in der dritten Burnout-Phase auf. Vehement spürbar wird das Drama mit Einsetzen der vierten Etappe, wenn der Job, die reduzierten Hobbys und die ausgedünnten Kontakte nur noch mit erheblicher Lustlosigkeit heruntergespult werden. Irgendwie macht alles keinen Spaß mehr. In der Not der Genussunfähigkeit erheben Betroffene gar eine falsch verstandene Ernsthaftigkeit, Verbissenheit und Selbstkasteiung zu hohen Tugenden des Arbeitslebens. Leider finden sie dabei zahlreiche Meinungsgefährten.

Wie viele Lebensbereiche haben wir uns eigentlich schon durch fanatische Gesundheitsberater, strenge Regeln und Versagungen getrübt? Will man sich wirklich gesund ernähren und einigermaßen die Idealfigur halten, muss man schon ein ständig wachsamer Selbstbeherrschungskünstler sein. Deutlich wird das an dem humorvollen Motto: Was Spaß macht, ist entweder ungesund oder macht dick. Nur wer im Schweiße seines Angesichts Gewichte stemmt und viele Kilometer abhechelt, darf als Lohn für seine Askese mit Absolution für Bewegungssünden des Bürodaseins rechnen. Ob Wein, Schokolade oder Sex – zumindest disziplinierte Selbstkontrolle, wenn nicht gar gänzliche Abstinenz stand lange auf dem Banner der Gesundheitsapostel.

Wer jetzt hofft oder auch fürchtet, hier werde der Völlerei und Lasterhaftigkeit das Wort geredet, der irrt gewaltig. „Zu viel und zu wing ist immer ein Ding", so führte bereits unsere Großmutter die Enkel an den richtig dosierten Genuss heran. Es gilt, die gesunde Mitte zwischen suchthaften Exzessen und zwanghaftem Verzicht zu finden. Denn Kriselnde und Ausgebrannte neigen neben dem Leben auf Sparflamme auch dazu, ihre deprimierende Lage und ihre Genussunfähigkeit durch hektische Betriebsamkeit und „Thrill" versprechende Extremerlebnisse zu kaschieren.

Was diesen Menschen und uns allen zunehmend fehlt, ist die Fähigkeit, ein gesundes, vernünftiges und oft schon in kleinen Alltagfreuden erfahrbares Maß des Genießens zu erleben. Bereits Goethe empfahl: „Man sollte täglich ein gutes Bild ansehen, ein schönes Gedicht lesen und ein Musikstück hören." Denn Menschen, die nicht genießen können, so wissen wir, sind ungenießbar.

Würdigen wir die engen Zusammenhänge zwischen Genuss, Glück, Gesundheit und Widerstandskraft. Lenken wir unsere Aufmerksamkeit wieder mehr genussvoll auf die wunderbaren Momente des täglichen Vergnügens und der Zufriedenheit: das humorvolle, gesunde Lachen, den Sonnenuntergang oder das Spiel. Verwöhnen wir uns wieder mehr mit zärtlichen Berührungen, gönnen wir uns doch einmal ein Mittags-Nickerchen, versinken wir zur Erholung mit allen Sinnen in herrlicher Natur. Lauschen Sie – statt abendlicher TV-Automatik – 'mal wieder einem bewusst ausgewählten Musikstück. Atmen Sie genüsslich den Duft von Wald, Wiese, Meer oder Gebirge tief ein, und lassen Sie sich von Blüten und ätherischen Ölen verwöhnen.

Wer sich bereits eine längere Zeit zermürbt und ausgebrannt durch das Leben quält und kaum noch in der Lage ist, sich solche Momente überhaupt vorzustellen, wird von der meditativ-entspannenden Wirkung solcher Genüsse angenehm überrascht sein. Lassen Sie den vitalisierenden Ausgleich eines solchen „bewussten Lebens" ruhig und intensiv auf sich wirken.

In der Unrast und Hektik unserer Zeit, die zum vielfältigen Parallelkonsum („Multitasking") verschiedenster Reize verführt, wird Genießen auch dadurch erschwert, dass wir uns kaum noch konsequent auf das Stimulieren eines Sinnesorgans konzentrieren. Ein regelrechtes Stressfrühstück zeichnet sich beispielsweise dadurch aus, dass zum hineingeschlungenen Brötchen die Tageszeitung überflogen werden muss. Selbstverständlich dudelt im Hintergrund das Radio oder der Fernseher gegen das Gebrabbel der Familienmitglieder an. Und „ganz wichtige" Handygespräche, der Organizer-Check sowie das Familienmanagement für den Tag runden das Trommelfeuer der Reize ab. Es gibt Menschen, die in der Lage sind, dieses Szenario den gesamten Tag hindurch fortzuschreiben. Ohne etliche Gläser Bier am Abend würden sie sicherlich über erhebliche Nervosität, Erschöpfung und Einschlafstörungen klagen. Durchschlafen kann man meist trotzdem nicht.

Die ganze Geschichte macht übrigens Sinn. Eine nicht geringe Anzahl von Personen würde, setzte sie sich bewusst und mit aller Aufmerksamkeit nur einem Reiz aus, mit der eigenen inneren Leere oder sogar Ängstlichkeit, Einsamkeit und Sinnarmut konfrontiert werden. Wollen Sie das lohnenswerte und genussvolle Konzentrieren auf sich und die Umwelt wieder erlernen, sind diese zwischenzeitlichen Erfahrungen unumgänglich. Sie bergen die Chance zur bewussten Umkehr. Sie schaffen Freiraum dafür, die Leere sinnvoll aufzufüllen. Als Lohn winkt Ihnen eine fast schon vergessene Intensität an Eindrücken, eine wohltuende Kraft aus der inneren Ruhe, anregende Impulse zum erneuten beruflichen Aufflammen, echte Begegnungen mit wertvollen Menschen – und mit sich selbst.

22. Gesunde Lebensführung zur Burnout-Vorsorge

„Bewegen"

Das Ausmaß der natürlichen Bewegung ist für den heutigen Büromenschen auf ein Minimum reduziert. Wege legen wir mit Motorkraft zurück, und unsere Nahrung brauchen wir nicht mehr zu jagen oder im Schweiße unseres Angesichts selber anzubauen. Arbeitstiere sind abends dermaßen gestresst, beruflich Ausgezehrte so erschöpft, dass die Energie nicht mehr für die notwendige gesunde Bewegung ausreicht.

„Noch eine halbe Stunde für die Kinder, danach die notwendigsten Erledigungen, um endlich abzuschalten und sich volldröhnen zu lassen." Ein vordergründig begreiflicher Seufzer, nur erweist man sich auf diese Weise einen Bärendienst. Wer körperlich schwer arbeitet, braucht in der Freizeit Muße und Erholung. Die Kopfarbeiter aber müssen ihre Lethargie und Erschöpfung überwinden, Muskulatur und Skelettsystem fordern und den Körper mit Sauerstoff fluten. Dadurch regenerieren sie sich wesentlich wirksamer als durch den bleiernen Fall auf das Sofa. Aber eigentlich wissen sie um diese Zusammenhänge; oft fehlt lediglich der Wille und der Biss, eine Umgestaltung des Tages vorzunehmen. Einige Anregungen dafür folgen später.

Zuvor werden wir uns mit der anderen Seite der Medaille beschäftigen. Joggen, Windsurfen, Nordic Walking, Radfahren („Biking"), Snowboarden sind heutzutage Sportarten, die uns im Freundes- und Kollegenkreis regelmäßig genannt werden, wenn wir die Frage nach Freizeitaktivitäten stellen. Und es wird zunehmend exotischer: Rafting, Kite-Surfen, Gleitschirmfliegen, Asia-Workouts, Triatlon, Extremklettern oder Wüstensafari per Jeep decken gleichermaßen das Bedürfnis nach Grenzerfahrungen, Nervenkitzel und Abenteuer wie nach körperlicher Fitness ab. Andere Menschen malträtieren ihren Körper mit klassischen Formen der Ertüchtigung; das Gefühl der Befriedigung erfahren sie jedoch nur durch Erreichen einer vorher astronomisch hoch gelegten Messlatte. Sie müssen 10 Kilometer rennen, 30 Bahnen schwimmen und in der „Mucki-Bude" bis zur Erschöpfung ackern. Motto: Am gesündesten lebt diejenige Person, die sich am härtesten quält.

Trainer in Stress-Seminaren und Ratgeber weisen vehement auf die ausgleichende Funktion der sportlichen Betätigung hin. Man kann dabei Aggressionen abbauen, Verspannungen lockern, den Körper energetisch auftanken und sogar Glücksgefühle durch die Ausschüttung körpereigener „Rauschdrogen", der Endorphine, erfahren. Oft muss man jedoch dabei erleben, dass besonders beim männlichen Geschlecht der gesunde Ausgleich durch Bewegung leicht zu einem extremen Leistungssport-Anspruch mutieren kann, der den beruflichen Druck zusätzlich in die Freizeit transportiert. Der Ausspruch eines Werbetexters: „Ich bin heute so im Stress, ich weiß nicht, ob ich heute noch meinen Jogging-Termin einbauen kann!" mag dies verdeutlichen. Auf diese Weise unterstützt Sport Burnout eher, als dass er davor schützt.

Manche vom Ausbrennen gefährdete Personen verlieren bei der früher häufig propagierten Marschroute, erst eine halbe Stunde täglicher Schweißfluss mindestens bringe Erfolge, gänzlich ihren Unternehmensgeist. „Dann kann man auch gleich vor dem Fernseher sitzen bleiben", lautet die vermeintlich logische Konsequenz.

Wir wissen heute, dass bereits zwei bis drei gezielte Bewegungseinheiten in der Woche von jeweils 30 bis 60 Minuten all die positiven Effekte zeitigen, die man ehemals erst wahren Qualen zuschrieb. Es gilt: sich rühren ist gut und gesund; es ist ein wirksames Gegenmittel gegen Stress und Ausbrennen! Es kommt darauf an, diese potente Therapie sinnvoll auf den Einzelnen zugeschnitten anzuwenden. Beginnen wir mit einem abschreckenden Beispiel, in welchem Sie möglicherweise die eine oder andere eigene Unüberlegtheit wiedererkennen:

Axel ist ein erfolgreicher junger Geschäftsführer eines kleinen Computerunternehmens. Bekannten vermittelt er den Eindruck, dass er sein Leben blendend durchorganisiert und im Griff hat. Wenn man seinen Erzählungen lauscht, gehören Besuche von Theater, Fitness-Center und Sauna genauso zu seinem Programm wie die vielfältigen beruflichen Termine. Bei genauerem Hinschauen hingegen entpuppt sich sein Tagesablauf als eine Ansammlung von Gesundheits-Absurditäten. Um sein Jogging-Outfit auf den neuesten Stand zu bringen, fährt Axel die kurze Strecke zum Fachgeschäft mit seinem Auto. Anschließend lässt er sich bei weiteren Einkäufen im Kaufhaus mit der Rolltreppe in die verschiedenen Abteilungen bringen. Zum Büro einer Zulieferfirma im dritten Stock benutzt er den Aufzug. In der Mittagspause strampelt er mit dem stationären Trimmrad in seinem Geschäft einen zehnminütigen Kurs ab und achtet dabei genau auf seine angezeigte Pulsfrequenz. Für den Weg ins Fitness-Center muss aus Zeitgründen wieder das Auto herhalten. In der Sauna wird exakt nach der Uhr geschwitzt und zu den dort stattfindenden Geschäftsbesprechungen fließt reichlich Bier.

Fühlt Axel sich wohl? Wie viel frische Luft hat er eingeatmet? Wann hat er sich wirklich entspannt? Wie erlebt er die eigene körperliche Bewegung? Solche Fragen hatte er sich bis zu unserem Zusammentreffen noch nicht gestellt. Was in Axels Leben fehlte, war wirkliche Freude. Arbeit war für ihn eine Notwendigkeit, sie bot ihm die Möglichkeit, Erfolg und Geld einzuheimsen. Die Ausgleichsaktivitäten dienten der

Erhaltung dieser Kraft. Motto: „Ich renne doch hier nicht zum Vergnügen!"

Noch einmal: „Bewegung ist gut! Aber: Extrembewegungen sind deshalb noch lange nicht extrem gut! Stamford und Shimer weisen auf Forschungsergebnisse hin, nach denen der Gesunderhaltungswert von 2000 verbrauchten Kalorien dem von erheblich höheren Werten (über 3000 im Fitness- und Leistungssportbereich) nicht nachsteht. Wellness lautet also eher das Motto!

Leichte Gartenarbeit an der frischen Luft oder ein Fuß- bzw. Radweg anstelle der Autofahrt kann geeigneter zur ausbalancierten Erhaltung der Arbeitskraft sein als Schwerstarbeit beim Gewichte stemmen. Nicht nur die „Klassiker" unter den Trimm-Möglichkeiten wie Wandern, Schwimmen und Rad fahren, sondern auch schon die Bewegungen beim Spazieren gehen (mit dem Hund?), Spielen, Schnee fegen, Rasen mähen und Treppen steigen gleichen den Stress der beruflichen Verantwortung aus. Sie vitalisieren den Büromenschen und energetisieren ausgebrannte Helfer und Kopfarbeiter. Und: sie stärken nachweislich das Immunsystem, verbessern die Blutfett-Werte, reduzieren das Risiko von Herz-Kreislauf-Erkrankungen und von zahlreichen weiteren schlimmen Leiden wie Diabetes und Krebs.

Trauen Sie sich doch gleich morgen einmal, das „Couch-Potatoe-Dasein" aufzugeben und etwas mehr Bewegung in Ihren Alltag zu bringen. Bewundern wir nicht sogar manchmal diejenigen, die den Mut haben, den Weg zur Arbeit mit Inlinern zurückzulegen oder in der Mittagspause im Stadtpark mit Kollegen oder Kindern ballspielend herumzutollen? Und wer sich am Arbeitsplatz eigenständig oder angeleitet regelmäßige sanfte Gymnastikübungen wie Stretching gönnt, hat die wunderbaren Effekte für Rücken und Nacken selbst erfahren. Sie werden überrascht sein, wie viele solche Gelegenheiten sich anbieten, die es bewusst zu nutzen und zu genießen gilt. Verabschieden wir uns von den Zeiten, in denen wir geistig und seelisch aufreibenden Stress auch noch durch körperliche Trägheit gesteigert haben. Lange genug haben wir, einem blinden Automatismus folgend, unsere Aktivitäten in wenige Leistungsnischen des täglichen Daseins verbannt!

Allerdings sei auch nachdrücklich angemerkt, dass hiermit keinesfalls die kräftigenden, erfüllenden und sogar persönlichkeitsbildenden Ressourcen konsequenten Hochleistungstrainings und extremer Körpererfahrung in Frage gestellt werden. Sei es aufgrund eines persönlichen Körperkults oder sonstiger Motive – Anstrengung und Grenzerfahrungen können sicherlich zu einem individuellen Kick und Ausgleich führen und Selbstbeweis-, Kontakt- oder Wettbewerbsmotive gezielt befriedigen. Doch der prinzipielle Rat der Sportmediziner dazu lautet: Es ist gesund, sich auf einen Marathon schrittweise vorzubereiten, nicht jedoch, ihn am Stück zu laufen. Der Bewegungssuchende sollte sich drei Dinge unbedingt fragen: Kann ich mich und meinen Körper bei der gewählten Aktivität bewusst erleben, ermöglicht mir der Bewegungsablauf einen Ausgleich zum beruflichen Alltag, und empfinde ich wirkliche Freude oder sogar Genuss bei der Ausübung?

„Ernähren"

Die Zahl der Gesundheitsexperten wächst, die unsere Ernährung als wesentliche Grundlage eines kraftvollen, ausgewogenen und zufriedenen Lebens bezeichnen. Diejenigen unter Ihnen, die sich bewusst und gezielt sowie lustvoll gesund ernähren, spüren die positiven Auswirkungen längst. Wer es noch nicht tut, weiß heutzutage zumindest in Grundzügen, welche Gifte und schwer verdaulichen Stoffe er seinem Körper in zu hohem Maße zumutet und welche Gesundheit und Fitness fördernde Lebensmittel er ihm vorenthält. Zugegeben, die Meinungen auf diesem Gebiet sind recht vielfältig. Und bei den zahlreichen Skandalmeldungen der vergangenen Jahre könnte man gar zu dem resignativen Ergebnis gelangen: „Essen ist ungesund!" Wer allerdings neugierig erste

Nahrungsexperimente am eigenen Leibe erprobt hat, kennt die spürbaren Unterschiede von Völlegefühl, Mattigkeit und Unkonzentriertheit einerseits sowie Energie- und Wachheitsempfindungen andererseits. Und genau das ist es, wozu ich Sie einladen möchte: zum Experimentieren!

Burnout und Ernährung sind miteinander verknüpft. Zu fetthaltige Speisen, zu viel raffinierter Zucker und dunkles Fleisch setzen die Leistungsfähigkeit deutlich herab. Mit verminderter Lust und Konzentration schafft man bekanntermaßen auch weniger. Auf der anderen Seite empfinden Arbeitsverdrossene häufig auch geringere Lust, sich liebevoll um den richtigen Brennstoff für den Körper zu kümmern. Ob kompensierende Frustfraß-Exzesse oder hektisch-ungesunde Notmahlzeiten – die physiologisch ungünstige Nahrungszufuhr verschlimmert den körperlich-geistigen Raubbau noch mehr.

Ernährungswissenschaftler warnen vor einem folgenschweren Irrtum: Gesunder Ausgleichssport hilft zwar beim Verdauen (der „Verdauungsspaziergang" ist bereits eine wunderbare Unterstützung) macht Ihre fetthaltigen kulinarischen Sünden jedoch nicht ungeschehen! Doch gleich ein Trost hintendrein: Nicht die Kalorienmenge allein macht dick und krank, sondern die Zusammensetzung der Speisen und unsere „Esskultur". Vielleicht spüren Sie Lust und Neugier, einige der folgenden Hinweise und Anregungen in der Wirkung auf Ihre Konzentration, Ausdauer und Ihre Leistungsfreude zu überprüfen. Dass man auf diese Weise schlank bleibt, ist ein sicherlich willkommener Nebeneffekt. Essen soll auch weiterhin – oder ab jetzt erst recht – Spaß machen und Genuss vermitteln.

- Richtiges Essen setzt die Schulung der Sinne voraus. Von Werbung und Erziehung „unverdorbene" kleine Kinder greifen bei freier Wahl erstaunlich gezielt nach gesunden Speisen. Nehmen wir uns doch auch wieder mehr Zeit, in Ruhe zu erspüren, wonach uns der Appetit wirklich steht. „Auch das Auge isst mit" – entdecken Sie die Bedeutung des Gesichtssinnes für Ihren ganzheitlichen Nahrungsgenuss. Riechen und vor allem schmecken Sie wieder bewusster dasjenige, was Ihren Gaumen passiert. Lassen Sie die angeborene Genussfähigkeit sich zu neuer Blüte entfalten.

- Verteilen Sie Ihre Nahrungsaufnahme auf mehrere kleine Mahlzeiten am Tage. Dies ist kein Plädoyer für das Naschen zwischendurch. Das letzte größere Gericht sollte, wenn überhaupt abends, in gutem Abstand zur Einschlafzeit eingenommen werden.
- Erlauben Sie sich, nach der „80-zu-20-Regel" zu leben: 80 Prozent gesunde Ernährung, 20 Prozent für die Sündennische.
- Reduzieren Sie die Fettanteile Ihrer Gerichte (rotes Fleisch, fette Wurst- und Käsesorten, Butter, saftige Soßen usw.).
- Sagen Sie dem Zucker weitestgehend ade.
- Heißen Sie die hochwertigen und „langsamen" (sie stillen den Hunger nachhaltiger) Kohlehydrate auf Ihrem Speisezettel willkommen – mehr Vollkornbrot, (Getreide-)Müsli oder ungeschälter Reis; Kartoffeln und Nudeln begrenzt, Weißbrot nur ganz wenig (wegen des hohen „glykämischen Index").
- Freunden Sie sich mit weißem Fleisch an (Fisch, Geflügel). Heute ist sogar der „fette" Fisch wieder angesagt – wegen der berühmten Omaga-3-Fettsäuren, auch „gute" Fette genannt. Auch Eier sind wieder erlaubt.
- Verwenden Sie pflanzliche Öle (Oliven-, Raps-, Leinöl).
- Obst und Gemüse sind der ideale Snack für zwischendurch (eine kleine Dose mit liebevoll zubereiteter Rohkost auf dem Beifahrersitz); ein ausgewogener Salat kann ein Gericht ersetzen. Die Deutsche Gesellschaft für Ernährung hat die Parole ausgegeben: „5 am Tag". Fünf mal am Tag Obst und Gemüse, roh oder gekocht, fest oder als Saft, verbessert Gesundheitsstatus und Fitness nachhaltig.
- Salzgebäck und Kartoffelchips sollten in Ihrem Haushalt zunehmend ungeliebtere Gäste werden.

- Ersetzen Sie Kaffee so oft wie möglich durch Wasser (oder zumindest durch Tee). An Wasser aus der Flasche oder der Leitung sollten Sie übrigens zwei Liter kontinuierlich über den Tag verteilt trinken (bevor Sie Durst verspüren – der ist bereits ein Signal für Mangel).
- Und wenn schon naschen: Weingummi oder Lakritz sind okay.
- Das Glas Wein ist nach wie vor genehmigt; wenn Sie Alkohol (in geringen Mengen!) regelmäßig konsumieren, sollten Sie Ihrem Organismus zumindest zwei abstinente Tage in der Woche zur Rekreation gönnen. Am bekömmlichsten und gesündesten ist Wein übrigens beim Essen in Gesellschaft.

Die Gedanken zu Bewegung und Ernährung liegen mir deshalb besonders am Herzen, weil ich immer wieder die Erfahrung gemacht habe, dass ausbrennende Menschen in ihrer Krise gerade diese grundlegenden Vitalressourcen sträflich vernachlässigen. Entweder stiften sie keine Verbindung zwischen Burnout und ungesunder Lebensführung, oder ihre Lähmung ist bereits zu weit fortgeschritten, um sich überhaupt noch liebevoll der Kräftigung des Körpers zu widmen. Wer solch einfach zu handhabende Bordmittel für die Regenerierung des Organismus nutzt, um den Gefühlen des Überdrusses, des Drucks, der Kraftlosigkeit und der Resignation zu begegnen, hat eine gute Chance, mit dieser neuen Energie weitere Veränderungen vorzunehmen und wieder Freude an Beruf, Hausarbeit und am Leben zu gewinnen.

23. Merkmale gesunder und leistungsfähiger Menschen, neue Energie für den Arbeitsalltag

Wir alle kennen Personen, sei es persönlich oder aus den Medien, von denen wir den Eindruck haben, dass sie ihr Leben kraftvoll, intensiv und lustvoll meistern. Wir betrachten diese

Menschen mit einer Mischung aus Bewunderung, Neid und Zweifel. Mit erstaunlicher Lebensenergie planen sie und setzen ihre Vorhaben in die Tat um. Sie scheinen unermüdlich zu brennen, aus Krisen gestärkt hervorzugehen und nach einem Scheitern mit gleichem lodernden Elan wieder von vorn beginnen zu können. Wenn wir diejenigen ausnehmen, die solche Energien durch Drogen, Medikamente oder Alkohol nur scheinbar besitzen und früher oder später radikal abbauen, verbleibt doch immer noch eine beträchtliche Gruppe von Menschen, deren Geheimnis wir gerne erfahren würden, um ähnlich robust durch das Leben zu kommen.

Die eine Hälfte dieser Gruppe hat allerdings gar kein Geheimrezept: es handelt sich um die kernigen, kräftigen und robusten „Naturburschen und -mädels". Ohne Einschränkungen, Diätpläne und Verhaltensvorschriften führen sie ein Leben nach dem Lustprinzip, allerdings gehört harte Arbeit meist unabdingbar dazu. Als Grundausstattung verfügen sie über eine kraftvolle und scheinbar unerschöpfliche Vitalität. Ihnen ist die beneidenswerte Fähigkeit gegeben, sich über die Welt und über sich selbst keinerlei sorgenvolle Gedanken zu machen, sondern das Leben in vollen Zügen zu genießen und in die eigenen Fähigkeiten zu vertrauen.

Lernen können wir dagegen von der anderen Hälfte der gesunden und leistungsfähigen Menschen. Denn diese haben aktiv an ihrem jetzigen Zustand mitgestrickt. Vor allem anderen verfügen sie über ein taugliches Energiemanagement. Menschen, die gegen Burnout gefeit sind, erkennt man an ihrer positiven Energiebilanz. Belastung und Erholung befinden sich in Balance. Sie investieren in die richtigen Aufgaben und Ziele. Sie verschwenden ihre Zuwendung nicht an die falschen Menschen. Sie steuern die Ihnen zur Verfügung stehenden Kraft-Tankstellen an und verfügen daher über die Energie, die richtigen, sprich die wesentlichen Aufgaben, die „big points" des Lebens, entschlossen, zielstrebig und tatkräftig anzupacken.

Der Theosoph Friedrich Ötinger hat mit seinem berühmten Gebet den Weg für ein sinnvolles Energiemanagement und eine kluge Handlungsorientierung gewiesen:

„Gott gebe mir die Kraft
zu ändern, was ich nicht ertragen kann,
die Gelassenheit,
zu ertragen, was ich nicht ändern kann
und die Weisheit, das eine vom anderen zu unterscheiden."

Burnoutgefährdete Menschen verfügen nicht über diese zitierte Weisheit. Sie neigen dazu, ihr aufopferndes Engagement in Angelegenheiten zu investieren, die kaum oder gar nicht durch sie veränderbar sind. Dies sind z.B., wie manche Leserin selbst leidvoll erfahren haben mag, – andere Individuen! Menschen, die mit Menschen arbeiten, glauben häufig, ihre Aufgabe bestehe darin, anderen ihre Eigenarten zu nehmen oder sie gar in ihrer Persönlichkeit zu wandeln – die Aufmerksamkeit heischende Kollegin soll doch von ihrer „Mittelpunktssucht" etwas an den Rand gedrängt werden, das stille Kind möge sich doch zu einem selbstsicher-lauten Persönchen wandeln, der hektische Mitarbeiter soll zu einem ruhig-besonnenen Mann umerzogen werden und Ihr stets etwas verträumt bummeliger Sohn wird zum voraneilenden Antreiber genötigt. Experten sprechen hier von mentaler Energieverschwendung. Gesünder ist es sicherlich, eine größere Gelassenheit dem Unveränderbaren gegenüber an den Tag zu legen und statt der verbissenen Änderungswut ein humorvolles Akzeptieren zu wahren.

Auf der anderen Seite fehlt diesen Kraft-Vergeudern dann das Feuer und die notwendige Dynamik, Kurskorrekturen dort einzuleiten, wo diese auch Erfolg versprechen. Nämlich bei manchen krank machenden Arbeitsbedingungen, bei der Gewichtung von Privatleben und Beruf (Work-Life-Balance) und – bei sich selbst. Mit dem erwähnten tauglichen Energiemanagement werden Sie sicherlich diejenigen Belastungen in Ihrem Arbeitsfeld identifizieren, die Ihnen unnötige Kraft rauben und die Sie durch Eigeninitiative und solidarisches Handeln abmildern können.

Burnoutresistente Menschen denken, wenn sic im Auto nach Hause fahren, am Wochenende spazieren gehen oder gar nachts im Bett wachliegen, nicht permanent an die 10 bis 20 Prozent problematischen Menschen in ihrem beruflichen Umfeld, sondern gezielt auch an die 80 bis 90 Prozent konstruktiv mitziehenden Kunden/-innen und Kollegen/-innen. Ausgebrannte erlauben oft den Miesmachern, sich in ihrem Hirn auszubreiten, bis fast kein Raum mehr für die Mehrzahl der Wohltuenden verbleibt. Das raubt Energie! Im Team oder in Besprechungen sollten Sie also weniger die „Stinkstiefel" beachten und durch Zuwendung verstärken, sondern die kräftigende Beschäftigung mit den konstruktiven „Energiespendern" suchen, mit denen die Arbeit Spaß macht.

Erstellen Sie doch einmal zwei Rubriken auf einem Blatt Papier. Auf der einen Seite schreiben Sie auf, an welche Projekte Sie Ihre Energie hingeben, und welche Menschen in Ihrer Umgebung Sie regelrecht aussaugen. Gegenüber sammeln Sie alle Kraftquellen, die Sie für sich selbst anzapfen und von denen Sie sich wieder aufrichten lassen. Dort stehen die Personen, bei denen Sie frische Energien tanken. Wie stellt sich nun Ihre Energiebilanz dar? Sind Energieräuber und Kraftquellen ausbalanciert? Funktioniert Ihre mentale Lichtmaschine so ausdauernd und zuverlässig, dass die stark beanspruchte Batterie ein Leben lang hält? Vielleicht können Sie sich ja noch mehr neue Power aus den zur Verfügung stehenden Quellen holen, wenn Sie Ihre Skrupel überwinden.

Eine weitere Gruppe sind sie „Willensstarken". Sie haben systematisch ihren Willen geschult und gestärkt. Auch Schiller hat diese Macht erkannt: „Den Menschen macht sein Wille groß und klein." Ein junger Bankkaufmann, der die ersten Burnout-Warnsignale ernst nahm und Rat suchte, fasste den Vorsatz, die Macht seines Willens einmal täglich bewusst und gezielt einer Prüfung zu unterziehen. Er stellte sich in einem Wochenplan eine Aufgabe pro Tag, welche nur mit wirklicher willensmäßiger Überwindung für ihn zu bewältigen war. So tätigte er Einkäufe mit dem einzigen Ziel, nur dann abzuschließen, wenn ein Rabatt gewährt wird. Oder er suchte einen Ort absoluter Aversion auf; für ihn war dies ein Obdachlosenheim. An einem weiteren Tag forderte er körperliche Höchstleistung von sich, indem er den Besuch der 80 km entfernt wohnenden Großmutter mit dem Fahrrad absolvierte.

Immer wieder berichten Wissenschaftler und Praktiker von einem weiteren, tragenden Grundprinzip, über welches seelisch und körperlich gesunde Menschen verfügen oder das sie sich angeeignet haben: die Hoffnung. Wille und Hoffnung sind die Gegenspieler der für ausgebrannte Personen typischen Eigenschaften „Willensschwäche" und „Hoffnungslosigkeit". Hoffnungsfrohe Menschen setzen sich mutigere Ziele und erreichen diese mit größerer Wahrscheinlichkeit. Sie bewältigen Krisen leichter, nehmen Schwierigkeiten als Zeichen einer positiven Herausforderung und glauben ganz allgemein mehr an sich und daran, dass die Dinge günstig für sie stehen. Eine recht unerschütterliche Überzeugung an die ihnen zur Verfügung stehenden Handlungsmöglichkeiten stärkt ihr Selbstbewusstsein und ihre Zuversicht. Verwechseln Sie aber bitte diese Fähigkeit nicht mit der rosaroten Brille eines unverbesserlichen Optimisten. Der vertraut eher schicksalsergeben auf sein Glück. Der Hoffnungsvolle schafft sich das Fundament seiner erfolgreichen Existenz durch gezieltes Handeln selbst.

Wie können nun auch Sie die Kräfte der Hoffnung aufrichten? Hierfür gibt es einige Hinweise: Stärken Sie Ihren Glauben an sich und Ihre eigenen Fähigkeiten. Eignen Sie sich den Grundsatz an, dass eine schwierige Situation nicht durch eigene Unzulänglichkeit, sondern durch ungünstige Bedingungen, mangelhafte Lösungswege oder andere Personen zustande gekommen ist. Erfolge hingegen sollten Sie regelmäßig Ihrem Können zugute schreiben. Wenn das alleinige Lesen für eine solche Schutzimpfung nicht ausreicht, schreiben Sie es sich auf, heften Sie den Vorsatz an Ihren Spiegel, und führen Sie ruhig Selbstgespräche, in denen Sie sich selbst immer wieder anfeuern.

Rechnen Sie dabei mit Rückschlägen, und würdigen Sie diese als willkommene Hinweisgeber für eine noch verbesserungsfähige Strategieplanung. Feiern Sie Ihre eigenen Erfolge, und belohnen Sie sich genau dafür; Misserfolge gehören viel tiefer gehängt und sollten keinesfalls durch Frustkäufe aufgewertet werden. Rufen Sie sich öfter einmal bewusst all Ihre Fähigkeiten, früheren „Gewinne" und erfolgreich gemeisterten Situationen ins Gedächtnis, um in Zukunft über berufliche Tiefs vielleicht sogar souverän schmunzeln zu können.

Doch zurück zu den Merkmalen gesunder und leistungsfähiger Menschen. Die Realitätstrübung depressiver Personen, durch die Probleme wie mit einer Lupe vergrößert und Errungenschaften wie durch ein umgekehrtes Fernglas geschrumpft erscheinen, ist ihnen fremd. Auch sonst schätzen sie den Aufwand für ein sorgenarmes Leben realistisch ein: ohne zwanghaftes Missionieren und ohne die asketische Enthaltsamkeit eines indischen Fakirs meiden sie auf natürliche Art und Weise riskante Verhaltensweisen wie Völlereien, Rauchen oder übermäßigen Alkoholkonsum. Sie sorgen gezielt für eine Balance sowohl zwischen Anspannung und Entspannung als auch zwischen Arbeit und Freizeit.

Seelisches und körperliches Wohlbefinden wird aus kräftigender Bewegung, gesunder Ernährung, lustbetonten Aktivitäten und vertrauten sozialen Kontakten bezogen. Gelassenheit und vielleicht sogar Demut bezüglich unabwendbarer Schicksalsschläge runden das Wesen dieser Menschen ab. Die genannten Eigenschaften können jedoch aus recht unterschiedlichen Quellen gespeist werden, wie Sagan betont. Einerseits zeichnen sie Menschen aus, die über ein fundiertes eigenes inneres Kontrollzentrum verfügen; andererseits sind sie jedoch auch Menschen zu eigen, die in einer tiefen Religiosität ruhen.

Burnoutgefährdete Personen neigen wie Depressive dazu, wehmütig den Blick in die Vergangenheit zu richten und für ihre Zukunft schwarz zu sehen. Burnoutgefeite Menschen hingegen sind zukunftsorientiert; sie leben bewusst in der Gegenwart, investieren jedoch gezielt in die vor ihnen liegende Entwicklung. Sie planen, bilden sich weiter, sammeln spezifische Informationen und allgemeines Wissen. Ausgebrannte Menschen erkennt man daran, dass sie entweder zurückgezogen, einsam und menschenfeindlich leben oder aber sich unstet wechselnden Beziehungen, im wahrsten Sinne „berauschenden" Ablenkungen und anderen betäubenden Aktivitäten hingeben. Personen mit vitaler Leistungskraft haben auch hier für eine Balance gesorgt. Sie können sowohl mit ihrem ausgeprägten Gemeinsinn Gesellschaften genießen als sich auch zum Zwecke der Ruhe und inneren Sammlung allein zurückziehen. Kraft schöpfen sie aus einer dauerhaften, vertrauensvollen und innigen Bindung.

Auch zu begrenztes Spezialistentum und übertriebene Bodenständigkeit sind Gefahrenquellen. Wer die eigene Schaffenskraft bis ins hohe Alter bewahrt, hat sich meist früh bemüht, über den eigenen Tellerrand hinauszuschauen. Solche Leute interessieren sich für sich selbst, den Lauf der Welt und für den Sinn, der sie zusammenhält. Eine kreative Vielfalt von Hobbys, Betätigungen und Erfahrungen zeichnet sie aus; auch spirituelle Gedanken sind ihnen nicht fremd oder suspekt.

Die neugierige und aufrichtige Beschäftigung mit anderen Menschen und vor allem dem eigenen Sein ermöglicht den seelisch Robusten, ein authentisches und fassadenarmes Leben zu führen. Sie vermögen, ihre Existenz mit derjenigen anderer abzustimmen und ihr Verhalten mit ihrem Wesen in Einklang zu bringen. Sie verschwenden somit kaum Energie für den Versuch, anders zu erscheinen als sie sind. Psychologen nennen dies „in Kongruenz mit sich leben"; der berühmte Psychotherapeut Rogers hält diese Fähigkeit für eine der erstrebenswertesten menschlichen Haltungen. So sollte man sich ruhig einmal seine intensiven gefühlsmäßigen Reaktionen gestatten – veräußerte Wut schont den Magen und klärt die Atmosphäre. Sachlich darüber reden kann (und muss) man später. Und wer sich eher für die ruhige und geduldige Lösung kniffliger Probleme im stillen Kämmerlein eignet, wird wahrscheinlich gut daran tun, sich nicht für eine Führungsaufgabe zu bewerben.

In der heutigen Dienstleistungsgesellschaft, Stichwort Kundenorientierung, ist diese „Echtheit" allerdings im Job nur selten möglich. Ob im Call-Center oder im Krankenhaus, an der Käsetheke, dem Bankschalter, beim Friseur oder im Rathaus, überall ist Freundlichkeit und Lächeln gefragt. Wir sprechen hier von Emotionsarbeit. Wer dies über Jahre hinweg unbeschadet überlebt, gehört zu den Künstlern, die eine bekömmliche Balance zwischen Kümmern und Distanz hergestellt haben. Solch eine Fähigkeit kann man sich auch im Coaching aneignen. Ein fürsorgliches Unternehmen gewährt und bezahlt so etwas.

Erst in den vergangenen Jahren sind Forschungsergebnisse in den Vordergrund gerückt, die eine letzte hier zu nennende Qualität gesunder, zufriedener und vom Ausbrennen meist verschonter Menschen nachweisen: Dankbarkeit. Sowohl chronisch Kranke als auch gesundheitlich Privilegierte weisen – wenn sie von tiefer Dankbarkeit erfüllt sind – ein signifikant höheres seelisches und körperliches Wohlbefinden auf als die mit dem Schicksal unablässig Hadernden. Dankbarkeit schützt vor Enttäuschung und Verbitterung, zwei wesentlichen Begleitern des Burnout. Sie hilft uns, den Blick für die oft so selbstverständlich hingenommenen kleinen Freuden des Alltags wiederzuerlangen und wird so zu einem unverzichtbaren Bestandteil gesunder Ausbrenn-Prophylaxe.

G. Rückenstärkung

24. Mut und Fähigkeiten zur Veränderung

Das Rechte erkennen und nicht tun
ist Mangel an Mut.
Konfuzius

Einige von Ihnen mögen bei der Lektüre bis hier bereits ein Gefühl der Stärkung und der Zuversicht verspüren. Oft lässt schon die Ahnung einer möglichen freudvolleren Lebens- und Arbeitsweise Flügel wachsen und die Lust aufkommen, einiges davon gleich zu probieren. Leider erlebe ich aber auch, dass Menschen eher mürrisch abwinken oder resigniert kapitulieren. Das „Ja, aber ...:" zieht wie Blei herunter, die vermeintlichen inneren und äußeren Hürden erscheinen unüberwindbar hoch. Da fällt es manchem vielleicht leichter, den Weg des geringsten Widerstandes zu gehen (beziehungsweise auszusitzen), innerlich zu kündigen und lieber nach durchquältem Arbeitstag in der Freizeit aktiv zu werden.

Andere versuchen, den Überdruss in Alkohol zu ertränken und von Fernsehkonsum übertönen zu lassen. Nicht wenige wollen auch die rücksichtsvolle Zuwendung weiterhin genießen, die ihnen wegen ihrer Depression von Kollegen durch Abnehmen von Arbeit entgegengebracht wird. Und erst recht möchte man das Verständnis anderer nicht missen, wenn man wirklich mit einer handfesten, vom Arzt bestätigten Krankheit aufwarten kann.

Auch wenn viele Menschen von der Beziehung stiftenden Qualität des Lamentierens verführbar sind – Motto: Wer jammert, ist nie allein –, wünsche ich Ihnen, dass Sie sich dafür entschieden haben, nicht länger über sich, über Kollegen, Vorgesetzte, Kunden und Arbeitsbedingungen zu klagen und sich nicht mehr damit begnügen wollen, ihren Frust durch zynische Bemerkungen abzubauen. Weiterhin hoffe ich, dass Sie sich nicht damit zufrieden geben, das Burnout-Rückzugsgefecht nur noch um mehr Gehalt, einen größeren Geschäftswagen und ein repräsentativeres Büro zu führen.

Wer jetzt noch eine Portion Mut und Rückenstärkung benötigt, einen letzten Anstoß, um in Bewegung zu geraten, etwas Verständnis, dass für uns Menschen Veränderungen oft schwierig sind, der mag sich von diesem und dem folgenden Kapitel inspirieren lassen.

Eingefahrene Gewohnheiten bieten einen unschätzbaren Vorteil – sie geben Sicherheit. Es bedarf einiger Überwindung, vertrautes Leid gegen ungewisse, vage Freude einzutauschen. Aber ist nicht das gesamte Leben ein Risiko? Wer nichts wagt, der nichts gewinnt, so ermutigt uns ein Sprichwort. Und all den ängstlichen Zauderern möchte ich mit Shakespeare zurufen: Der Tapfere stirbt einmal; der Ängstliche hingegen stirbt tausend Tode. Ernst Bloch hat Recht, wenn er ermuntert: „Nichts ist dazu verurteilt, zu bleiben wie es ist!"

Menschen, Natur und Universum entwickeln und verändern sich. Was wir als Wachstum und Entwicklung des Menschen wahrnehmen, wird durch die permanente Erneuerung unserer Zellen ermöglicht. Kommt dieser im mehrmonatigen Rhythmus ablaufende Prozess zum Stillstand, sind wir tot. Neben Schmerzen bietet jede Krise auch eine Chance zur Erneuerung. Die Pubertät, Ehekrisen, Trennungen und das Alter mögen ebenso als Beispiele dienen wie Krankheiten, Stellenwechsel und im Extremfall sogar Kriege.

Ernsthafte radikale Veränderungswünsche sind selten. Sie zeugen eher von dem Gefühl der vermeintlichen Ausweglosigkeit. Die wenigsten wollen ganz aussteigen. Aber viele beschleicht immer öfter das Gefühl, so auch nicht mehr weitermachen zu wollen oder zu können. Sicher haben Sie bei bestimmten Themen dieses Buches deutlicher als bei anderen Ihre persönlichen Gefahrenherde gespürt. Nehmen Sie sich sinnvollerweise anfangs nur ein oder wenige überschaubare Projekte vor, um mit ihnen zu experimentieren. Hierbei ist die Wahrheitsliebe sich selbst gegenüber von entscheidender Bedeutung. Seien Sie bereit, tatsächlich dort zu suchen und anzusetzen, wo das Problem liegt.

Nachdem Sie sich im richtigen Startblock niedergekauert haben, schauen Sie voran, und setzen Sie sich realistische Nah- und Fernziele. Die Wege stimmen Sie mit Ihrer Persönlichkeit ab. Die vielen Hürden unterwegs, die man gedanklich vorweg nimmt, sollen angemessen gewürdigt werden. Schreiben Sie Ihre Bedenken auf, und prüfen Sie ehrlich, welche auf einem realistischen und welche auf einem eingebildeten Boden fußen.

Unterwegs bremst uns oft ein hinterhältiger Konflikt: Einerseits wissen wir recht gut, wohin wir wollen und wonach wir streben; andererseits vergrätzt uns das „Ja, aber ...-Teufelchen" oft tüchtig die Laune und den Schwung. Diese nörglerische, besserwisserische und neue Impulse lähmende Eigenart, mit der manche Mitmenschen uns und sich selbst nerven, begegnet uns leider viel zu oft in den eigenen Gedanken wieder. Sollte dies für Sie zutreffen, versuchen Sie es doch einmal mit einem einfachen Trick der „inneren Einwandbehandlung". Spüren Sie, welches Gefühl nachwirkt, wenn Sie einen inneren Wunsch, verbunden mit einem Zweifel, wie folgt zum Ausdruck bringen: „Ich möchte gerne mutiger mein Recht fordern, aber ich fürchte, mein Chef könnte dann ein schlechtes Bild von mir bekommen." Na, wie fühlt es sich an? Vermutlich wiegt die letztgenannte Skepsis schwerer, und Sie lassen die Finger von dem Vorhaben. Nun die zweite Version. Beide „Konfliktparteien" werden wiederum gehört, nur in vertauschter Reihenfolge: „Ich fürchte, mein Chef könnte ein schlechtes Bild von mir bekommen, aber ich möchte gerne mutiger mein Recht fordern." Spüren Sie Ihre Empfindungen? Was innere Kraft und Zuversicht anbelangt, werden Sie wahrscheinlich einen kräftigen Unterschied bemerken.

Sich oder etwas verändern heißt in der Regel, sich von überholten und überlebten Verhaltensweisen und Einstellungen verabschieden, heißt, eine neue Stufe der eigenen Entwicklung erklimmen. Unglücklich machen sich leicht diejenigen, die sich mit aller Energie auf diese Trennung konzentrieren, auf die Bemühungen, etwas loszuwerden (Übergewicht, Rauchen, Verspannungen, die Meinung, alles selber machen zu müssen usw.). Wo man etwas wegnimmt, entsteht erst einmal ein Leerraum. Sie sind gut beraten, wenn Sie von Anfang an etwas Neues anvisieren und sich gezielt auf dieses angestrebte Verhalten konzentrieren, welches das Vakuum ausfüllen soll. Wächst in Ihnen beispielsweise der Vorsatz, sich nicht immer für alles verantwortlich zu fühlen, so könnten Ihre positiven Ziele lauten: Ich darf nein sagen, ich kann anderen etwas zutrauen, ich werde genau hinhören, ob wirklich eine Aufforderung an mich gerichtet ist oder ob ich diese lediglich „hineingehört" habe.

Wenn man sich ganz ausgelaugt fühlt und meint, überhaupt keine Energie und Kraft für irgendeine neue Initiative aufbringen zu können, ja nicht einmal für Überlegungen in diese Richtung, denken Sie auch einmal daran, sich für ein paar Wochen gänzlich aus dem beruflichen Geschehen auszuklinken und sich aufzufrischen. Unterschätzen Sie den heilsamen Wert eines (Kurz-)Urlaubes nicht. Ab und an muss man sich gedanklich und räumlich vom Arbeitsplatz entfernen, um auf persönlich passende Weise wieder zu Kräften, zu Klarheit und zu sich selbst zu kommen (oder auch wieder zum Partner). Besonders wenn Sie bereits in Phase 4 angelangt sind, gilt grundsätzlich: Erst gesunden, dann entscheiden, dann handeln. Der untaugliche Gegenspieler der Erstarrung heißt Aktionismus. Ersparen Sie sich die spätere Reue über Kurzschlussreaktionen, zu denen man im Stress neigt. Nutzen Sie die Rekonvaleszenz zur Reflexion und Bilanzierung. Die einen finden diese innere Sammlung in einem Kloster, die anderen auf der Insel, wieder andere im Gebirge. Geleitete Seminare können diesen Zweck ebenso erfüllen wie selbständige Wanderungen. Spüren Sie ruhig einmal nach, ob Ihr Körper und Ihre Seele Ihnen Abgeschiedenheit oder Kontakte, Ruhe oder vitalisierende Bewegung (keinen Leistungssport) als geeignete Erholung signalisiert. Schulen Sie dafür Ihre Fähigkeit der Selbstbesinnung.

Als mindestens ebenso wesentlich möchte ich Ihnen die Besinnung auf das „Du" an Ihr Herz legen. Sie kennen das beruhigende, kräftigende und Sicherheit gebende Empfinden, sowohl mit Sorgen als auch bei Entscheidungen auf andere Menschen zählen zu können, einen Rückhalt beim Partner zu finden, von der Familie getragen zu werden und Freunde auf seiner Seite zu wissen. Nutzen Sie dieses Energiereservoir. Wenn Sie Ihr Umfeld unter die Lupe nehmen, werden Sie sicherlich Vertraute finden, mit denen Sie Ihre Gedanken und Projekte besprechen können, die Ihnen bei Bedarf zur Seite stehen und Sie ermutigen, die Ihnen im Zweifelsfalle aber auch mal den Kopf waschen. Ein Mangel an psychologischer Rückenstärkung kann Ihre Wünsche und Vorsätze wie Seifenblasen zerplatzen lassen. Also – reden Sie drüber!

Möglicherweise schränken materielle Engpässe oder Verpflichtungen Ihren Handlungsspielraum ein. Aber bitte prüfen Sie, ob nicht einfach ein schlechtes Finanzmanagement oder sogar ein „Verarmungswahn" die hinderliche Barriere für eine gesunde Selbstentfaltung darstellt. Wägen Sie Kosten und Nutzen einer Veränderung vorurteilsfrei ab und gewichten Sie Wohlbefinden, Gesundheit, Lebens- und Arbeitsfreude gegenüber anderen Faktoren neu. Ob wir für die Wiedergutmachung unseres unachtsamen und verschwenderischen Umgangs mit unserer Energie noch weitere Leben zur Verfügung haben, ist äußerst ungewiss.

Um es mit Sprenger auf den Punkt zu bringen: Machen Sie sich bewusst, dass Sie letztlich genau drei (nicht mehr und nicht weniger!) Möglichkeiten haben, Ihre verfahrene Situation aufzulösen.

1. Versuchen Sie, Ihr Tun und Ihre Lebenssituation wieder lieb zu gewinnen. Sagen Sie wieder Ja zu sich und Ihrem Handeln. Ändern Sie also Ihre innere Einstellung.

2. Kündigen Sie. Verlassen Sie die Umstände, die Sie krank machen. Denn ausgebrannt richten Sie nicht nur bei sich selbst, sondern auch bei Ihrer Familie, Freunden, Kunden/Patienten/Schülern etc. einen immensen Flurschaden an. Wie viele „Versuchsleben" glauben Sie zu haben?

3. Ändern Sie etwas. Übernehmen Sie wieder Initiativen und Gestaltung; ruhig auch etwas querdenkerisch oder gar ein wenig verrückt. Bewegen Sie sich vom „geht nicht" über „man müsste" zum „ich tue!"

Sie müssen sich irgendwann einmal klar entscheiden, Ihre Energie bündeln und eine der drei Varianten konsequent beschreiten.

Motto: Love it, leave or change it!

Dass Veränderungen Zeit und Geld benötigen, sei noch einmal nachdrücklich erwähnt. Neue Wege verlaufen anfangs holprig, ein falsches Abbiegen gehört schon mal dazu und zwingt zur Neuorientierung. Ein dorniger Pfad führt manchmal eher zum Ziel als eine geteerte Sackgasse. Diese Tatsachen mag man noch recht problemlos akzeptieren. Schwieriger mutet da schon der ersehnte Erwerb von gesteigertem Selbstwert, von größerem Selbstvertrauen und von Hoffnung an. Für einen erfolgreichen Wandel werden diese Eigenschaften dringend benötigt, um die eigene gelernte Hilflosigkeit zu überwinden. Sollten die Denkanstöße dieses Buches Sie ermutigt haben, scheuen Sie sich gegebenenfalls nicht, privaten oder auch professionellen Beistand einzuholen, um die hinderlichen Wackersteine aus dem Weg zu räumen.

25. Burnout-Management und Inanspruchnahme von Experten

Die Konzeption dieses Wegweisers aus der Burnout-Krise legt das Schwergewicht auf Hinweise zur individuellen Vorbeugung und Umkehr auf dem Weg des Ausbrennens. Ich habe Sie hoffentlich ein wenig ermutigt, Abhilfe mit eigenen Bordmitteln zu probieren, Ihre seelische Hausapotheke zu nutzen und sich Stärkung im Familien- und Freundeskreis zu holen. Glücklicherweise langt unsere Selbsthilfekraft in vielen Fällen, um das Auszehren und den Überdruss wirkungsvoll zu bekämpfen. Allerdings benötigt man dafür die Bereitschaft zur Früherkennung, zum Schlucken auch bitterer Medizin und gegebenenfalls zu einer Radikalkur. Dabei hilft der Beistand von vertrauten Personen, eigene Klarheit der Ziele und eine gute Portion Hoffnung. Ich glaube durchaus an die Fähigkeit vieler Leser, nach der Lektüre dieses Buches eine ehrliche Selbstdiagnose vornehmen zu können, die unter Verwendung geeigneter Mittel zu einer entsprechenden Weg- und Zielkorrektur führt.

Doch erinnern wir uns auch an Beispiele wie das der Krankenschwester Helga, der erst in einem fachlich geleiteten Gesprächskreis das Aha-Erlebnis über ihre fatale seelische Lage vergönnt war, in dessen Folge sie wieder Mut fasste und ihre Tätigkeit aus ganz anderem Blickwinkel wahrnehmen konnte. Oder denken wir an Klaus, den Studienrat, der eine intensive psychotherapeutische Kur benötigte, um wieder ins Lot zu geraten. Eine große Zahl von Menschen hätte vermutlich ohne professionelle Begleitung den Schritt zurück ins erfüllte Leben kaum mehr geschafft. Diese bereits bedrohlich Ausgebrannten haben erkannt und gemerkt, dass die bisherigen untauglichen Flucht- und Bewältigungsversuche unfruchtbar waren. Erst durch das Angebot oder das eigenständige Aufsuchen fachkundiger Institutionen, Personen oder Dienste errangen sie die Grundlage für einen Ausstieg.

Sehen wir einmal von denjenigen ab, die prinzipiell nichts delegieren, keine Hilfe annehmen und alles selbst machen wollen, so bleibt die erstaunliche Tatsache, dass der Sektor der Persönlichkeitsentwicklung häufig von der Inanspruchnahme erfahrener Experten ausgeklammert bleibt. Wir lassen viel eher unser Haus von Fachleuten renovieren, unser Auto vom Kfz-Mechaniker reparieren, unsere Steuer vom entsprechenden Berater erklären, unser Hab und Gut von Versicherungs- und Finanzdienstleistern managen, als unsere seelisch-geistig-körperliche Verfassung einem dafür ausgebildeten Spezialisten anzuvertrauen. Wir neigen dazu, unser höchstes Gut, unser einziges Leben, mit oft dilettantischen Heimwerkermitteln im Hobbykeller zu martern. Zudem sind wir als Richter für uns selbst in der Regel viel zu befangen, um ein gesundes Urteil zu fällen.

Wer einen genauen Eindruck über die politische und wirtschaftliche Lage im eigenen Lande gewinnen möchte, kauft sich sinnvollerweise eine Handvoll ausländischer Zeitungen oder ruft diese im Internet auf und liest deren Kommentare. Wer den Überblick über den Verlauf einer unübersichtlichen Schlacht behalten will, wird sich tunlichst auf einen Feldherrenhügel begeben, um von dort aus die richtigen Maßnahmen anzuordnen. Diese Funktionen erfüllen Personen und Dienste, die darin geschult sind, im Getümmel der eigenen verworrenen Situation ein „Leihauge" anzubieten und eine gute Distanz zu den Umständen zu schaffen, in denen der Betroffene sich oft heillos verheddert hat. Experten helfen, das Leiden präzise zu diagnostizieren, Auswege zu erarbeiten, Stolperfallen zu entschärfen und die subjektive Last zu relativieren. Denn sie wissen, dass sehr persönlich erlebte Schwierigkeiten meist weitverbreitet sind und können mit ihrer Erfahrung dem individuellen und einzigartigen Erleben dieses Menschen ganz unmittelbar gerecht werden.

Fachleute in Kliniken, Praxen und Beratungsinstitutionen leisten Beistand, wenn ausgebrannte Führungskräfte unter Entscheidungseinsamkeit und -druck leiden, wenn Festgefahrene von sich aus keinen Ausweg sehen und wenn Menschen der Mut für notwendige Konsequenzen fehlt. Sie helfen klären, ob etwas veränderbar ist oder ob man sich mit einer Situation oder anderen Menschen abfinden muss. Sie unterstützen die Trennung zwischen institutionell bedingtem Wearout und persönlich verursachtem Burnout.

Wer sind nun diese Experten und wo findet man sie? Entspannungs- und Antistress-Trainings, Work-Life-Balance-Seminare, Kommunikations- und Persönlichkeits-Entwicklungskurse, aber auch spezielle Burnout-Seminare werden von verschiedenen Institutionen angeboten. Erkundigen Sie sich bei Volkshochschulen, Krankenkassen, Beratungsstellen, privaten Instituten, Hochschulen, Kliniken, Unternehmensberatungen und Praxen. Dort erhalten Sie bei Bedarf auch Hinweise auf individuelle Beratungsmöglichkeiten, wenn Sie im Gespräch mit einem Experten (Psychologe, Arzt, Pädagoge oder andere speziell fortgebildete Menschen) sich und Ihre Situation klären wollen. Die intensivste Form der Selbstklärung ist die Psychotherapie (Info bei Berufsverbänden z.B. von Psychologen und Ärzten oder deren Kammern). Sie erlaubt Ihnen, auf der Basis des Verständnisses für Ihre Vergangenheit Ihre Gegenwart zu meistern und angemessene Zukunftspläne zu entwickeln.

Neuere Ansätze der fachlich kompetenten Unterstützung stehen Ihnen in der Supervision und dem Coaching zur Verfügung. Ein Supervisor ist ein speziell für diese Zwecke weitergebildeter Klärungshelfer, der zumeist in eine Mitarbeitergruppe geholt wird, um festgefahrene Strukturen, zwischenmenschliche Konflikte, institutionelle Schwierigkeiten, Probleme mit Kunden, Klienten, Patienten oder persönliche Hemmnisse zu besprechen und zu lösen. Dies kann auch zu zweit geschehen. Ein Coach mag Ihnen eher aus dem Sport als in unserem Zusammenhang vertraut sein. Ein Coach steht einer Person als Dialogpartner zur Seite, um einsame Fehlentscheidungen zu vermeiden, fachlichen und emotionalen Beistand zu gewährleisten und Rückmeldung, Orientierung und Ermutigung zu geben.

Eine Gruppen-Supervision oder -Coaching sollte der Tätigkeit entsprechend eingerichtet werden. Wer intensiv mit Menschen beratend, erziehend, pflegend, und therapeutisch – auch im Verkauf Tätige – umgeht, braucht die Gelegenheit, alle zwei bis acht Wochen die eigenen Gefühle und Schwierigkeiten dabei zu reflektieren, um die Burnout-Gefahr zu reduzieren. Wer in konfliktreichen Team- und Kollegenbezügen arbeitet, benötigt einmalige oder mehrmalige Supervision, um die Dynamik der Gruppe und die Beziehungen der Einzelnen zueinander zu klären, damit die Arbeitseffektivität erhalten bleibt und die Energie nicht in nutzlose und aufreibende Positionskämpfe und innere Kündigungen fließt.

Wer in Führungspositionen und einsamen Entscheidungsstellen sitzt, wer Verantwortung trägt und wenig Möglichkeiten zum fachlichen und persönlichen Austausch hat, sollte sich hin und wieder einen Coach leisten, um den Bezug zu sich, zur Realität und zu anderen Menschen nicht zu verlieren. Auch das moderne Instrument der Kollegialen Beratung hilft hier weiter. Wer die eigene Kompetenz und Fähigkeit in bestimmten Bereichen trainieren und entwickeln möchte, ist mit den eingangs erwähnten Kursangeboten gut beraten. Für eine allgemeine Klärung der gegenwärtigen Arbeits- und Lebenssituation empfiehlt sich eine persönliche Beratung. Eine umfassende „Runderneuerung" im Falle des persönlichen Feststeckens im gesamten Leben und in der gesamten Tätigkeit kann am ehesten durch eine ambulante Psychotherapie oder eine stationäre Behandlung in einer psychosomatischen Fachklinik / Burnout-Klinik / Reha-Klinik erreicht werden.

Welchen Weg Sie auch immer einschlagen – ich wünsche Ihnen, dass er Sie nachhaltig aus der Burnout-Krise herausführt.

Checkliste für Ihre Burnout-Gefährdung

(Schröder/Müller-Timmermann)

- ☐ Meine Arbeit macht mir kaum noch Spaß
- ☐ Ich fühle mich körperlich, emotional und/oder geistig erschöpft
- ☐ Mein Stress wird chronisch
- ☐ Ich fühle mich ständig überfordert
- ☐ Ich bin oft müde und abgespannt
- ☐ Ich neige zu Sarkasmus und Zynismus
- ☐ Ich fühle mich leer und ausgebrannt
- ☐ Ich habe kaum noch Lust an irgend etwas
- ☐ Ich fühle mich wie ein Gefangener
- ☐ Ich bin oft ungerecht zu anderen, gereizt und aggressiv
- ☐ Ich erwische mich häufig bei sorgenvollem Grübeln
- ☐ Ich kann mich kaum noch erholen
- ☐ Ich vernachlässige meine Familie, Freunde und Hobbies
- ☐ Mein Pessimismus nimmt zu
- ☐ Ich bin suchtgefährdet
- ☐ Aufwand und Ertrag stehen in zunehmendem Missverhältnis
- ☐ Ich frage mich nach dem Sinn meines Einsatzes und der Arbeit
- ☐ Ich zeige vermehrt körperliche Symptome
- ☐ Ich schlafe schlecht

➡ *Wenn mehr als drei Punkte auf Sie zutreffen, sind Sie gefährdet!*

Dank

Viele liebe, bereitwillige und verständnisvolle Menschen wirkten indirekt an diesem Buch mit. Sie trugen mit ihrem Wissen, ihren Erfahrungen, ihrer Geduld, aber auch mit ihrem Antrieb zum Erfolg dieses Vorhabens bei. Ihnen allen möchte ich von ganzem Herzen danken. Obgleich ich die meiste Zeit vor dem Computer saß, konnte ich die bedingungslose Unterstützung durch Angehörige und Freunde in allen Phasen der Entstehung des Manuskriptes spüren. Ihr Beistand gab mir Kraft, Zuversicht und Gelassenheit.

Inge gebührt das große Lob, dank ihrer journalistischen Erfahrung und stilistischen Präzision meiner hin und wieder holprigen Textvorlage zu größerer Lesefreundlichkeit verholfen zu haben. Bastian, mein lieber Sohn, zeigte Verständnis und Nachsicht für den ausgefallenen Urlaub und den beschäftigten Vater.

Armin möchte ich für die Anbahnung des ersten Kontaktes zum Verlag, für seine fachlichen Anregungen und seine ermutigenden Worte danken. Wolfgang bereicherte meine Darstellungen über Burnout durch wichtige Ergänzungen und persönliche Erfahrungen.

Dank gebührt auch Sven, der mir in interessanten Gesprächen den aktuellen wissenschaftlichen Stand der Burnout-Forschung nahe brachte, Gundula, die mir mit ihrem Fachwissen eine anregende Dialogpartnerin war und die mit sicherem Instinkt am Schliff der Überarbeitung mitwirkte sowie Dr. Karin Walter im Verlag Herder, die mit Ansporn und konstruktiven Rückmeldungen für das Gelingen des Gesamtwerkes sorgte.

Literatur

ASGODOM, S.: Balancing. Beruf und Privatleben im Gleichgewicht. München, Econ 1992

BRIM, G.: Wer sich zu viel vornimmt ... Psychologie heute, Januar 1989

BRONSBERG, B. & VESTLUND, N.: Ausgebrannt. München, Heyne 1995

BURISCH, M.: Das Burnout-Syndrom. Theorie der inneren Erschöpfung. Berlin, Heidelberg, Springer 2001

DETHLEFSEN, T. & DAHLKE, R.: Krankheit als Weg. Deutung und Bedeutung der Krankheitsbilder. München, Goldmann 2000

EBERSPÄCHER, H.: Ressource Ich. München, Hanser 1998

ENZMANN, D. & KLEIBER, D.: Helfer-Leiden. Stress und Burnout in psychosozialen Berufen. Heidelberg, Asanger 1993

ERNST, H.: Der lange Nachmittag des Lebens. Psychologie heute, August 1992

FENGLER, J.: Helfen macht müde. Zur Analyse und Bewältigung von Burnout und beruflicher Deformation. Stuttgart, Klett-Cotta 2001

FRANCK, B.: Lightning the fire through Acupuncture Energetics. 7. Mainzer Akupunktur-Symposium „Das Burn-out-Syndrom", Mainz 2003

FREY, D., HAVEMANN, D. & ROGNER, O.: Kognitive und psychosoziale Determinanten des Genesungsprozesses von Unfallpatienten. Abschlussberichte. Universität Kiel 1985

GERBERT, F.: Wege zur Glücks-AG. München, Focus Magazin 7/2004

HOFMANN, E.: Weniger Stress erleben. Neuwied, Luchterhand 2001

KAST, V.: Lebenskrisen werden Lebenschancen. Freiburg, Herder 2003

KRECH, G.: Die Kraft der Dankbarkeit. Theseus, Berlin 2003

LAZARUS, A. A., LAZARUS C. N. & FAY, A.: Fallstricke des Lebens. München, DTV 2001

LEYMANN, H.: Mobbing. Psychoterror am Arbeitsplatz und wie man sich dagegen wehren kann. Reinbek, Rowohlt 2002

MASLACH, C.: Die Wahrheit über Burnout. Springer, Vienna 2001

MÜLLER, E. H.: Wege aus der Burnout-Krise. In: Gesundheits-Akademie Bremen/Landesinstitut für Schule und Weiterbildung, NRW (Hrsg.): Neue Provokationen zur Gesundheit. Frankfurt/M., Mabuse 1996

MÜLLER-TIMMERMANN, E.: Neue Energien für den Schulalltag. In: Bundesverband der Unfallkassen: Pluspunkt, Ausgabe 1, Februar 2000. Wiesbaden, Universum Verlag

MÜLLER-TIMMERMANN, E.: Burnout – Wege zu neuer Arbeitsenergie. In: A. Krenz: Handbuch für ErzieherInnen, 41. Lieferung, März 2002

MÜLLER-TIMMERMANN, E.: Burnout im Arztberuf – die Risiken des People Work und Wege zu neuer Arbeitsfreude. Kongressband zum 7. Mainzer Akupunktur-Symposium „Das Burn-Out-Syndrom", 9. bis 11. Mai 2003

PETERSEN, S.: Das Burnout-Syndrom: Entwicklung und Evaluierung eines verlaufsorientierten Veränderungsfragebogens. Kiel: Unveröff. Diplomarbeit 1992

PINES, A. M., ARONSON, E. & KAFRY, D.: Ausgebrannt. Vom Überdruss zur Selbstentfaltung. Stuttgart, Klett-Cotta 2000

PÖHM, M.: Das NonPlusUltra der Schlagfertigkeit. Frankfurt/M., mvg 2002

ROGERS, C. R.: Der neue Mensch. Stuttgart, Klett-Cotta 2003

SAGAN, L.A.: Die Gesundheit der Nationen. Reinbek, Rowohlt 1992

SCHMIDBAUER, W.: Die hilflosen Helfer. Reinbek, Rowohlt 1997

SCHAARSCHMIDT, U. & FISCHER, A. W.: Bewältigungsmuster im Beruf. Göttingen, Vandenhoek und Ruprecht 2001

SCHRÖDER, P.: Strategien gegen Burnout. Der Hausarzt, 8/2002

SCHULZ VON THUN, F.: Miteinander reden 1. Störungen und Klärungen. Reinbek, Rowohlt 2003

SEIWERT, L. J.: Life-Leadership. Frankfurt/M., Campus 2001

SEIWERT, L. J.: Mehr Zeit für das Wesentliche. München, mvg 2001

SELYE, H.: Stress. Reinbek, Rowohlt 1986

SIELAND, B.: Hast du heute schon gelebt? Freiburg, Herder 1988

SMITH, M. J.: Sage Nein ohne Skrupel. München, mvg 2003

SPRENGER, R. K.: Die Entscheidung liegt bei dir. Frankfurt/M., Campus 2004

STAMFORD, B. A. & SHIMER, P.: Ganz einfach fit. Düsseldorf, Econ 1993

ULICH, D.: Krise und Entwicklung. Zur Psychologie der seelischen Gesundheit. München, Weinheim, Psychologie-Verlags-Union 1987

WATZLAWICK, P.: Anleitung zum Unglücklichsein. München, Piper 2003